GARTENGESPRÄCHE UNTER FRAUEN

GARTENGESPRÄCHE UNTER FRAUEN

Vom Pflanzen, Wachsen und Vergehen

Carol Graham Chudley
& Dorothy Field

Aus dem Englischen
von Ilse Rothfuss

Polestar Book Publishers, Victoria, British Columbia

Titel der kanadischen Originalausgabe: Between Gardens

4. Aufl. 2004

Übersetzung aus dem Englischen: Ilse Rothfuss, München
Lektorat: Daniela Weise, München
Herstellung und Satz: Büro Caroline Sieveking, München
Umschlaggestaltung: Monika Neuser, 2005 Werbung, München
Druck und Bindung: Printer Trento S.r.l., Trento
Printed in Italy
ISBN 3-89405-413-1

Für Ron und Rudy

VORWORT

Vor über zwanzig Jahren bin ich Carol zum ersten Mal begegnet. Wir lebten beide als Künstlerinnen und Handwerkerinnen in einer kleinen Gemeinde auf Vancouver Island. Carol gab Töpferunterricht und verkaufte Töpfe, ich webte (später wechselte ich auf handgeschöpftes Papier um). Wir unterrichteten am selben örtlichen College, und ich tauschte Milch und Eier von unserer Farm gegen ihre Töpfe ein.

Carol war in den hiesigen Kreisen so etwas wie eine Legende. Jahrelang hielt sie sich und ihre Familie durch den Verkauf ihrer Produkte über Wasser. Die Leute kamen nicht nur in ihre Werkstatt, um Töpfe zu kaufen, sondern weil es ihnen Freude machte, durch Carols Märchenland-Gärten zu spazieren, wo Pflanzen, denen sonst keiner Aufmerksamkeit schenkte, wie die stachelige Kardendistel und der wuchernde wilde Kerbel, in einem phantastischen Trollparadies wuchsen. Carol hatte eine Vision von ihrem Garten, einem sonderbaren Stück Land, das andere Leute als hoffnungslos abgetan hatten. Sie verwandelte mehrere Parzellen in eine ineinander übergehende Gartenlandschaft und brachte wilde Pflanzen mit kultivierten zusammen. Und sie war eine energische Schöpferin, die sich durch alle Schwierigkeiten mit ihrem Garten und ihren Töpfen durchboxte, die mit oft sehr radikalen Methoden experimentierte, bis sie es geschafft hatte, ihre Vorstellungen in die Tat umzusetzen.

Als Carol 1988 ein Grundstück unten an unserer Straße kaufte, wurde aus unserer festen, aber sporadischen Freundschaft ein regelmäßiger Austausch. Ich sah voller Ehrfurcht mit an, wie sie ihr bizarr geformtes Sumpfland in ein Zuhause verwandelte. Zu diesem Zeitpunkt litt Carol schon zehn Jahre lang am Chronischen Müdigkeitssyndrom. Sie musste das

Töpfern aufgeben und konnte immer nur kurze Zeitabschnitte im Garten arbeiten, und nur mit viel Unterstützung von Ron, ihrem Mann, der ungefähr zu der Zeit in ihr Leben trat, als sie in das neue Anwesen einzog.

Was Carol und ich gemeinsam hatten, war unsere Gartenleidenschaft, aber unsere Herangehensweise und unser Stil waren sehr unterschiedlich. Carol wollte ihre Vision von der Landschaft in die Tat umsetzen. Ich war weniger visionär und machte hauptsächlich, was die Farm mir abverlangte. Als Rudy und ich hierher zogen, war das »Knochengerüst« des Anwesens intakt: ein altes Haus mit ein paar Obstbäumen und einem Himbeerschlag – ein Grundstock, mit dem wir arbeiten konnten –, aber das Gelände war eine öde Fläche mit wildem Gras, das im Sommer braun wurde. Jetzt, fünfundzwanzig Jahre später, ist jeder Winkel mit einem anderen Experiment an Früchten, Gemüsen oder alten Rosen belegt. Das Grundstück ist das ganze Jahr über grün, und manchmal trage ich mich mit dem Gedanken, diesen Frucht tragenden Dschungel zurückzuschneiden und ein paar warme Plätzchen zu schaffen, wo man einfach nur sitzen kann.

Dieses Buch nahm 1995 seinen Anfang. Ich war gerade mit meiner Familie von einer dritten, ausgedehnten Reise nach Asien zurückgekehrt, als Carol vorschlug, dass wir uns Briefe über unsere Gärten schreiben sollten. Sie hatte ein Gartenbuch im Sinn und meinte, die Briefe würden ihr helfen, sich besser auf ihr Thema einzustimmen. Der Gedanke war zunächst ein bisschen abwegig – wer schreibt schon lange Briefe an eine Nachbarin? –, bis wir tatsächlich mit dem Briefwechsel begannen. Die Briefe eröffneten uns einen Raum, in dem wir uns in unsere Gedanken, Erinnerungen, Beobachtungen vertiefen konnten, Dinge, für die sonst nicht viel Platz war. Da wir in ständigem Kontakt miteinander waren, gab es keinen Grund, warum wir unsere Briefe mit unserem Alltagsfrust oder mit Berichten über Carols Krankheit füllen sollten. Stattdessen wurde die Korrespondenz ein Forum für einen selteneren Austausch: ein Nachdenken darüber, wie man leben sollte. Bald verblasste Carols ursprüngliche Idee, ein praktisches

Gartenbuch zu schreiben. Was immer sie bei ihrer Lektüre fand oder mit kritischem Blick im Fernsehen sah und was sie bei ihren Streifzügen mit Ron in der Außenwelt erlebte, fand Einlass in ihre Briefe, als eine Möglichkeit, die Dinge bewusster zu erleben und ihre kreative Energie zu bündeln. Meine Morgenspaziergänge und die Zeit, die ich in den Gemüsebeeten verbrachte, wurden zu dem Kompost, der meine Briefe nährte.

Carol hatte mit einer extremen Form des Chronischen Müdigkeitssyndroms zu kämpfen, das mit Rückenproblemen und Überempfindlichkeit gegenüber einer Liste von Dingen verbunden war, die viel zu lang ist, um sie aufzählen zu können. Diese Überempfindlichkeit machte es nahezu unmöglich, ihre Schmerzen, die sich mit der Zeit verschlimmerten, mit Medikamenten zu lindern. Winzige Dosen hatten extreme Nebenwirkungen. Ein Medikament, das tage- oder wochenlang geholfen hatte, versagte plötzlich oder belastete ihren Körper in unerträglicher Weise. Jede Art von Stress – unangenehme Dinge, aber auch freudige und schöne – erschöpfte sie und setzte sie tagelang außer Gefecht. In ihren letzten Jahren trat eine mysteriöse Hitze auf, verbunden mit Schmerzen, zuerst in ihrem Fuß, später in ihren Händen und sogar in ihrem Gesicht, was schließlich dazu führte, dass ihre Extremitäten anschwollen und die Haut sich schälte. Gehen, und sei es nur auf die Terrasse, um auf den Garten zu schauen, wurde unmöglich. Der Schmerz in ihren Händen machte das Tippen unerträglich und schnitt Carol von ihrem ausgedehnten E-Mail-Netz ab.

Carols Krankheit war wie ein Schraubstock, der nach und nach ihren Lebensnerv abschnürte. Die Krankheit war an sich keine tödliche, aber sie hat sie dennoch umgebracht. Carol hatte großes Glück, dass es Ron in ihrem Leben gab, der sich aufopfernd um sie kümmerte. Kürzungen im Gesundheitssystem machten es immer schwieriger, ambulante Pflege für sie zu bekommen. Die Kassen sahen sie offenbar als Drückebergerin – als hätte sie sich ihre Krankheit selber ausgesucht, als hätte sie freiwillig mit derart schlimmen körperlichen Einschränkungen gelebt.

Das Buch ist in erster Linie eine Sammlung von Briefen, in denen es um Freundschaft und den Austausch von Gedanken geht, mit dem Garten als Angelpunkt. Aber neben unserer Korrespondenz, die Carols Verbundenheit mit der Erde bezeugt, schrieb sie in beredten Worten ihre täglichen Ängste über das Fortschreiten ihrer Krankheit nieder. Kurze Auszüge aus Carols Tagebuch sind zwischen die Briefe gestreut – als ein kleines Fenster in eine Krankheit, über die man so wenig weiß.

Am 24. Mai 1998 wurde ich in aller Frühe mit der Nachricht von Carols schrecklichem Unfall geweckt. Carol wurde aus dem Leben gerissen, bevor dieses Buch fertig war. Es war ein tragisches Ende nach langem, schwerem Leiden – aber auch eine Erlösung. Indem sie unablässig darum kämpfte, Freude aus einem Leben zu ziehen, das von Schmerzen gezeichnet war, hat Carol mich gelehrt, was es heißt, lebendig zu sein – Gedanken in Bahnen zu lenken, die Libellen am Teich zu beobachten, die Süße in einer immer enger werdenden Welt auszukosten. Carol hatte so viele Pläne – Bücher, die sie schreiben und illustrieren wollte, neue Garten- und Töpferprojekte –, dass es für weitere voll gepackte fünfzig Jahre ausgereicht hätte. Jetzt, wo sie tot ist, denke ich an sie, wann immer ich innehalte, um etwas Besonderes oder Schönes mit mehr Aufmerksamkeit zu betrachten.

Ich träume immer noch von Carol. Sie redet mit mir, erzählt mir Geschichten – eines ihrer großen Talente. Ihre Stimme ist lebhaft; Bilder blitzen auf. Sie ist nicht krank. Die Publikation dieses Buches ist bittersüß. Der Briefwechsel war Carols Hauptanliegen in den letzten Monaten ihres Lebens, und ich finde es nur gut und richtig, etwas Greifbares, etwas Schönes zu haben, das an sie erinnert – an sie, die Schönheit über alles liebte. Gleichzeitig ist es so ungerecht und traurig, dass Carol nicht da sein kann, um sich an den Früchten ihrer Vision zu freuen.

Dorothy Field, 1999

INHALT

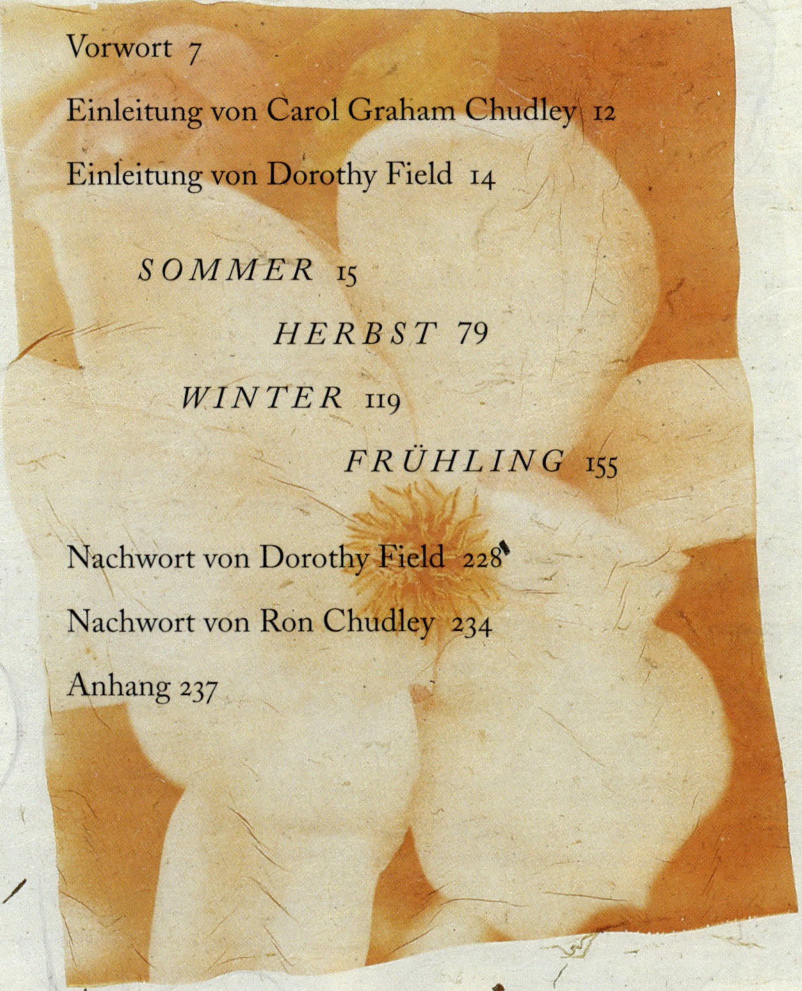

EINLEITUNG

VON CAROL GRAHAM CHUDLEY

Das erste Mal habe ich Dorothy Mitte der Siebzigerjahre gesehen, als sie in meine Töpferwerkstatt kam. In ihren Armen hielt sie ihre schreiende kleine Tochter. Ich bot ihr an, Cicely zu halten, damit sie sich in Ruhe umschauen konnte. In den darauf folgenden Jahren kreuzten sich unsere Wege an verschiedenen Orten: im Malaspina College, wo wir beide unterrichteten; auf Dorothys Farm, wo ich frische Milch und Eier kaufte; bei Dia-Vorträgen über die einzigartigen Weltreisen, die sie gemacht hatte. Jede Begegnung war schön, aber kurz. Wir gehörten zu den Frauen, die – wie so viele andere – alles auf einmal zu machen versuchten. Wir arbeiteten als Künstlerinnen und Lehrerinnen, wir waren Mütter und Ehefrauen, wir jonglierten mit unserem Leben und schafften es gerade eben, ein prekäres Gleichgewicht aufrechtzuerhalten. Mit anderen Worten, wir waren viel zu beschäftigt, um lange an einem Ort zu bleiben.

Das Leben ändert sich. Unsere Kinder sind jetzt erwachsen und fort von zu Hause. Ich selber bin dabei, mich aus dem Chaos zu lösen, das meine Krankheit, das Chronische Müdigkeitssyndrom, mit sich gebracht hat. Es schien mir der richtige Zeitpunkt, die Korrespondenz mit Dorothy zu beginnen, in der Hoffnung, dass die Briefe über unsere Gartenerfahrungen meine Buchpläne weiterbringen würden, denn ich hatte vor, einen Gartenratgeber zu schreiben. Ich ahnte damals nicht, was daraus werden würde. In dem Jahr, in dem wir uns schrieben, wurden mir viele Dinge klar. Ich stellte fest, dass ich gar nicht wirklich an einem Gartenbuch interessiert war. Stattdessen entdeckte ich in diesem einen Jahr mehr über mich selber und fand einen neuen Weg, meine kreativen Energien zum Ausdruck zu bringen. Die Briefe halfen mir, an meinem Leben zu stricken, das sich durch die Krankheit aufgelöst hatte, und sie gaben mir einen neuen Schwerpunkt. Ich hatte eine Möglichkeit gefunden, meine Interessen und Gefühle spontan zu äußern und in Bahnen zu lenken.

Es ist Monate her, seit Dorothy wieder nach Asien gegangen ist, womit auch unser Briefjahr zu Ende war. Je länger sie weg ist, desto deutlicher wird mir, wie kostbar diese einjährige Verbindung war. Ich wünsche mir mehr von dieser Kommunikation, wo jeder Brief in Einsamkeit geschrieben wird, so dass das innere Ich sich klar vernehmen lässt. Aber die Zeit vergeht, und ich fühle schmerzlich, dass es vielleicht nie wieder einen Menschen geben wird, mit dem ich mich in dieser Weise verständigen kann.

Wir alle möchten, dass andere uns sehen, wie wir wirklich sind. Einen Brief an einen vertrauten Freund zu schreiben, kommt für die meisten von uns dem Wunsch am nächsten, etwas von uns selbst in den Händen der anderen zu lassen.

EINLEITUNG

VON DOROTHY FIELD

Ich war gerade von einer zehnmonatigen Studienreise in Asien zurück, als Carol mich fragte, ob ich Lust hätte, Briefe über unsere Gärten mit ihr auszutauschen. Ich sagte »Ja, klar«, ohne eine Vorstellung zu haben, wie dieser Briefwechsel sich gestalten könnte. Obwohl es bereits die dritte ausgedehnte Reise war, von der ich zurückkam, fiel es mir so schwer wie eh und je, mich wieder in mein früheres Leben einzufinden. Alles schien mehr oder weniger beim Alten zu sein, aber in Wahrheit hatten sich die Dinge während meiner Abwesenheit in subtiler Weise verlagert. Das Leben von manchen Freunden hatte sich geändert, politische Kämpfe waren wieder aufgeflammt. Selbst unser Gemüsegarten, den unsere Mieter in unserer Abwesenheit bepflanzt hatten, fühlte sich fremd an.

In dieser Zeit der Neuorientierung wurden die Briefe zu einem Prüfstein – zu einer Möglichkeit, mich wieder auf heimischen Boden zurückzutasten. Es gibt viele Arten der Meditation, und meine war es, Briefe an Carol zu schreiben. Ich ertappte mich dabei, wie ich ungeduldig auf Carols Antwort wartete, damit ich den nächsten Brief schreiben konnte. Manchmal konnte ich es nicht erwarten – der ständig sich wandelnde Anblick der Bäume und Gräser draußen schrie danach, aufgezeichnet zu werden.

Jetzt bin ich wieder einmal gerade von Asien zurückgekehrt, von einem kürzeren Aufenthalt diesmal, und wieder versuche ich, den Weg zurück nach Hause zu finden. Und auch die Blätter führen ihr altes Schauspiel auf, zeigen jede Nuance von Rot, Ocker und Graugrün, tanzen mit dem Wind, sinken als stummer Flickenteppich ins Gras. Dank sei den Blättern, dem Gras, den Wolken und den Worten, die wie Schmetterlingsnetze sind – voller Löcher und willens, das Unfassbare einzufangen.

SOMMER

10. JUNI *Kühler, wolkiger Tagesbeginn (5.30 Uhr, 11 Grad), 14 Seerosen blühen*

Liebe Dorothy, du glaubst nicht, wie gut es getan hat, dass wir uns nach fast einem Jahr endlich wieder sehen konnten. Vieles ist in dieser Zeit passiert, bei dir wie bei mir, aber wenn wir wieder zusammen sind, reden wir miteinander, als wären wir nie getrennt gewesen. Wir haben viele Dinge angesprochen, die mir wichtig sind, und deshalb bin ich sehr froh, dass wir unser Gespräch auf dem Papier fortsetzen können.

Du hast mich oft nach meinen ungewöhnlichen Gartenmethoden gefragt. Ich habe nie groß darüber nachgedacht, was ich in all den Jahren getan habe – das kam ganz von selbst. Mit der Zeit und mit Abstand und mit zunehmendem Alter bin ich dazu gekommen, mich als behutsame Betreuerin des Landstücks zu betrachten, auf dem ich gerade lebe. In letzter Zeit fasziniert es mich sehr, wie das eigentlich gekommen ist. Einer der Vorteile meiner Krankheit (sofern davon überhaupt die Rede sein kann) und der Tatsache, dass es mir oft so schlecht geht, ist der Wechsel von verzweifelter körperlicher Tätigkeit zu ausgiebigem Nachdenken. In meinen gesunden Jahren war ich, wie die meisten von uns, so sehr in Aktivitäten verstrickt, dass mein Bedürfnis nach Kontemplation zu kurz kam.

Die einschneidenden Veränderungen, die meine Krankheit mit sich brachte, haben mich gezwungen, darüber nachzudenken, welche Richtung ich einschlagen sollte. Ich weiß nicht, ob ich es dir erzählt habe, aber in meinen Töpferzeiten habe ich viel über die Natur und die Gartenarbeit geschrieben. Es war meine Antwort auf die Äußerungen der Leute, die mir zum Beispiel sagten: »Wo haben Sie diese Pflanze gefunden?« oder: »Was

Sie für interessante Sachen mit Ihrem Garten machen!« oder: »Ich würde nie so einen Garten zustande bringen. Ich habe keinen grünen Daumen.« Meine Notizen sollten lustig und informativ sein oder einfach nützlich, so wie der Artikel »Liebe Jennifer und Morley«, den ich für die neuen Besitzer von Briarwood geschrieben habe. Als sie mein altes Zuhause übernahmen, wollte ich ihnen helfen, mit den Gärten zurechtzukommen und ihre Geschichte kennen zu lernen.

Im Lauf der Jahre habe ich angefangen, Führungen durch den Garten und die Wälder zu machen. In den letzten paar Jahren vor meiner Krankheit habe ich viele Leute auf lange Spaziergänge mitgenommen, hinter unserem Grundstück zum Rat Lake hoch und noch weiter. Unsere Gespräche über Gott und die Welt wurden dabei von meinen Erläuterungen zu der Flora, an der wir vorbeikamen, untermalt. Ich war überrascht, dass der größte Teil meiner Begleiter die meisten gängigen Pflanzen und Sträucher nicht kannte. Selbst die, die regelmäßig wanderten oder um die Insel herumsegelten, kannten sich nicht aus. Sie zeigten großes Interesse für das, was sie vor sich hatten, wenn ich sie darauf hinwies, und sie waren beeindruckt von meinem Wissen. (Wenn du nicht weißt, wie Mariengras oder Hirtentäschel aussieht, muss dir deine Naturführerin natürlich genial erscheinen!) Meine Liebe zu den Pflanzen hat mir auch meinen Spitznamen eingetragen, Carol »Distelkopf«, den ich heute noch schätze.

Als ich bei der Bürgerinitiative gegen die Alpex-Baugesellschaft mitmachte, um zu verhindern, dass Hunderte von Hektar wunderbarer, schöner Wildnis in kleine Grundstücksparzellen aufgeteilt wurden, ging ich mit Nachbarn, Politikern und Anwälten in das Gebiet dort oben. Die meisten von ihnen hatten noch nie einen Fuß dorthin gesetzt, obwohl es weniger als einen Kilometer von ihren Häusern und von der Hauptstraße entfernt ist. Ein einziger Gang krempelte sie völlig um und brachte sie auf unsere Seite. Mir wurde dabei klar, dass 99 Prozent der Menschen keine Ahnung von der Lage des Landes, von dem Wert, der Schönheit und Einzigartig-

keit dieses Gebiets haben. Wenn sie tatsächlich einmal von der Landstraße abbiegen oder aus ihren Häusern oder ihren angestammten Parks herauskommen, können sie es kaum fassen, was direkt vor ihrer Nase liegt.

Ich überlegte mir daraufhin, dass ich gerne Naturführungen machen würde. Man muss keine Reise machen, um die Natur zu entdecken: Nimm dir einfach eine Stunde Zeit und ein Paar Laufschuhe und fang gleich vor der Haustür an. Leider hat das Schicksal es ja anders gewollt, und ich konnte diesen Plan nicht verwirklichen. Mit dem Gehen ist es vorbei, aber meine Liebe und Begeisterung für die Natur ist geblieben.

Meine frühesten Erinnerungen an meine Umgebung im Allgemeinen und an Pflanzen im Besonderen reichen in die Kleinstädte zurück, in denen ich meine Kindheit verbracht habe. In den Vierzigerjahren waren in der Gegend, in der ich gewohnt habe, die meisten Straßen von Alleen gesäumt – wenig befahren, unkrautüberwachsen, mit Gartenausläufern, die wild weiter wuchsen, so wie wir Kinder damals. Diese Alleen waren unsere Spielplätze, und ich habe sie geliebt.

Meine ersten Erinnerungen sind die hohen Stockrosen, die die Fahrspuren der Alleen säumten. Wir machten Puppen aus den Blüten und Knospen, elegante Frauen, die in lange weiße, rosa und lila Gewänder gehüllt waren. Es war ein Sommerspiel für Kinder, die ganz sich selber überlassen waren. Ich bin heute noch dankbar für die Freiheit, die wir damals hatten. Wir waren stunden-, tage- und wochenlang unbeaufsichtigt, so kommt es mir vor. Jahrelang bekamen wir von unseren Eltern zu hören: »Geht raus und spielt draußen«, und das taten wir. Ich weiß noch, wie ich durch Maiglöckchenlichtungen gelaufen bin, die so dicht mit Blüten übersät waren, dass man drauftreten musste. Irgendjemand hatte sie wohl gepflanzt, und weil der Standort ideal war, wuchsen sie wild weiter. In den ganzen fünfzig Jahren, die seither vergangen sind, habe ich versucht, einen Platz zu finden, an dem Maiglöckchen sich von selbst ausbreiten, und es ist mir noch nicht gelungen. Aber dieses Prinzip ist die Grundlage all meiner Gartenarbeit und meines so genannten grünen Daumens: finden, was mühelos an den Stellen wächst, die man bepflanzen will.

Während du meinen Gartenstil bewundert hast, habe ich zugesehen, wie ihr beide, du und Rudy, eure Farm aufgebaut und erweitert habt. Jeder, der es sieht, ist voller Bewunderung. Wie ist das alles zustande gekommen?

Der Morgen schwindet dahin, und ich muss mit dem Tag heute weiterkommen. Als allererstes will ich nach den Bienen hinten sehen. Wie kommen sie zurecht ohne Unterschlupf in dieser kalten, kalten Regenperiode?

Alles Liebe, Carol

17. JUNI

Liebe Carol, mit Interesse habe ich von den Maiglöckchenvisionen aus deiner Kindheit erfahren. Ich bin auf drei Morgen Land, von Wald umgeben, aufgewachsen. Der Boden war von den früheren Besitzern intensiv bepflanzt worden. Als ich noch ganz klein war, gab es große Dauerrabatten in den Rasenflächen, aber mit den Jahren wurden sie immer mehr von Gras überwuchert, in dem Maß, wie meine Mutter an die Grenzen ihrer Zeit und ihrer Geduld stieß. Trotzdem blieb ein magischer Ort, ein schattiger Hügel mit dichtem Maiglöckchenbewuchs, der bis zu einem Ausbiss von grauem Gletschergestein reichte. Es brauchte keinerlei Pflege, und jedes Frühjahr schwelgte ich in dem Duft, der wie ein unverhofftes Geschenk war.

Es gab noch einen anderen Ort, ein kleines Fliederwäldchen, der für mich etwas ganz Besonderes war. Ich nannte ihn »Gasthof zum Flieder«, und ich schmiegte mich in die verschlungenen Zweige, wo ich unter den herzförmigen Blättern Schutz vor der heißen Sommersonne fand.

Weiter erinnere ich mich an einen riesigen, durchscheinenden Apfelbaum, der im Frühsommer zum Leben erwachte. Nur eine Seite blühte jedes Jahr, aber trotzdem hatte er viel mehr Äpfel, als wir essen konnten. Sie lagen als holpriger Teppich auf dem Boden, zuerst gelbgrün, dann braun und süß duftend, und zogen Horden von Wespen an. Vor der überdachten Veranda standen zwei alte Apfelbäume, grau, knotig und ineinander gekrümmt – die »traurigen Schwestern«. Es waren rotbäckige Falläpfel, von einem säuerlich-herben Geschmack, den ich liebte. Wir sammelten die herumliegenden Äpfel im Oktober ein, brachten sie in eine Mostpresse und kehrten mit riesigen Krügen voll bernsteinfarbenem Saft zurück. Wir konnten den Saft nie ganz trinken, bevor er sauer wurde, und so standen die letzten Krüge neben der Küchentür, wo sie einfroren und wieder auftauten, bis sie zersprangen. Jahre nachdem ich von zu Hause weggegangen war, stürzte eine der »traurigen Schwestern« zu Boden, wurde zersägt und weggekarrt. Die andere stand nun alleine da, in stummer Wacht, immer noch zu der anderen gebeugt, die nicht mehr da war.

Um den Platz mit den traurigen Schwestern herum standen Zwerg-Pfirsichbäume, die große Mengen von pelzigen, dickschaligen Pfirsichen produzierten. Ich erinnere mich an einen Sommer, in dem Gillette mit Rasierklingen warb, »so scharf, dass man Pfirsiche damit rasieren kann«. Ich habe es versucht. Die Klinge ist zerbrochen. Jahr um Jahr starben die Pfirsichbäume ab und hinterließen immer mehr glatte grüne Wiese.

Wenn ich an jene Bäume und jene Wiese denke, kommt mir unweigerlich Fanny in den Sinn, eine entfernte Verwandte, die etwa im selben Alter wie meine Großmutter war. Sie zog zu uns, als ich drei war, und sie kochte regelmäßig und mit Liebe: Challah, Marmorkuchen, Schnecken, selbst gemachte Nudeln und natürlich auch normales Essen. Ich sehe sie vor mir, wie sie eine überquellende Schüssel voll Kirschen an ihren üppigen Busen drückt. Sie trägt eine gemusterte Schürze über einem gemusterten Hauskleid. Sie ist gerade vom Pflücken die Leiter heruntergeklettert und steht nun triumphierend in der Sonne, bevor sie wieder in die Küche geht, um Kirschtaschen daraus zu machen. Nicht lange danach schlug der Blitz in den Kirschbaum ein, und der Stamm wurde rettungslos gespalten. Ich konnte nicht verstehen, warum meine Eltern den Baum nie ersetzt haben.

Mit der Minze hatten wir mehr Glück. Ich ging immer mit Fanny zu dem Graben neben dem verwilderten Gemüsegarten, wo die Minze wucherte. Wir pflückten große Büschel für die Unmengen von Eistee, die unser ständiges Sommergetränk waren.

Während ich das hier schreibe, wird mir die Antriebsquelle für die letzten zwanzig Jahre auf dieser Farm klarer bewusst – warum wir die ganze Zeit mehr Obstbäume, mehr Beerensträucher gepflanzt haben, als wir problemlos versorgen oder abernten konnten. Jener Kindheitsgarten war ein Gabenquell. Gaben, die jedes Jahr wiederkehrten, umsonst und in Fülle.

Ich erinnere mich an das Himbeergebüsch. Mein Vater kam nicht auf die Idee, die Zweige hochzubinden, und so wuchsen die Sträucher in einer dichten, verhedderten Masse. Ich kroch darunter, schnellte irgendwo in der Mitte hoch wie ein Seetaucher, und aß einfach drauflos – aß und aß und aß. Ich kann mich nicht erinnern, dass ich je in eine Schüssel gepflückt hätte. Niemand kochte oder fror die Beeren ein. Wir sorgten nicht für den Winter vor, wir lebten für den Augenblick, und was vorbei war, war vorbei.

Ich denke an den wilden Kirschbaum, einen spindeligen, wuchernden Baum oben an der Straße, der mit winzigen, süßen Kirschen überladen war. Wir kletterten in den Baum, hockten uns in die Zweige und aßen, wie es die Waschbären bei uns hier auf dem Hühnerhausdach machen, das heißt, die Kerne wurden einfach auf den Boden gespuckt. Die Waschbären hinterlassen stinkende, schwarze Kothaufen. Das wenigstens taten wir nicht.

Zu deiner Frage, wie sich die Dinge hier auf der Farm entwickelt haben, muss ich gestehen, dass alles so ziemlich auf gut Glück lief. Ich habe ein bisschen über Landschaftsarchitektur gelesen und mir ein paar Gartengrundregeln angeeignet, aber im Großen und Ganzen habe ich einfach hier was reingesteckt und da was ausgesät und gehofft, dass es wachsen würde. Oft war das nicht der Fall. Manche Misserfolge waren drastisch genug, um mehr Planung und Nachforschen angeraten sein zu lassen. Mein dritter Kräutergarten-Versuch war dann erfolgreich. Ich hatte nie einen Garten angelegt, bis wir ein kleines Haus mieteten, als wir damals nach Kanada kamen. Rudy hatte schon früher gegärtnert und daher etwas Ahnung. Ich las ein Taschenbuch über organischen Gartenbau, dann saß ich im Dreck und weinte – es kam mir alles so furchtbar schwer vor.

Das scheint mir eine fruchtbare Überlegung zu sein. Ich habe einen Punkt erreicht, an dem es notwendig für mich wird, meine Beziehung zu all diesen Bäumen, die wir gepflanzt haben, unter die Lupe zu nehmen. Ein Teil von mir sehnt sich nach einer kleinen Hütte über einem Schilfmoor, wo ich zusehen kann, wie die Amseln auf den Teichkolben landen, und nie wieder ans Einmachen oder Einfrieren denken muss. Was mich aber keineswegs daran gehindert hat, gestern pflichtschuldigst reihenweise Bohnen anzupflanzen, nur für den Fall, dass der Winter wiederkommt.

Alles Liebe, Dorothy

19. JUNI. *Wieder ein kalter Morgen, 8 Grad um 6 Uhr früh*

Liebe Dorothy, ich habe deinen Brief gelesen, als ich von meinem Nickerchen aufgewacht bin, und war völlig aus dem Häuschen über deine Kindheitserinnerungen, die den meinen so sehr gleichen und doch auch wieder ganz anders sind. Ich habe mir den Kopf zerbrochen, um eine »Tante Bea« in meiner Kindheit ausfindig zu machen, so wie deine Fanny, aber es gab keine. Mir wird bewusst, dass ich keine Erinnerung daran habe, irgendetwas aus einem Garten in meiner Kindheit gegessen zu haben. Mit Sicherheit hat niemand gut gekocht. Im Gegenteil, in den Familienanekdoten geht es meistens nur darum, was für eine schlechte Köchin Granny war oder wie grässlich Tante Dollys Kuchen schmeckten.

Unsere kleine Familie ist in der Zeit von meiner Geburt bis zu meinem zwölften Lebensjahr siebenmal umgezogen, und es gab keine alten, angepflanzten Gärten in meiner Kindheit. Hingegen erinnere ich mich gut, dass ich die ganze Zeit in den Wäldern am Rand der Kleinstädte verbrachte, in denen wir gelebt haben.

Ich mag das Bild von deinen »traurigen Schwestern«. Das erste Stückchen Natur, dem ich einen Namen gegeben habe, war »Mooshügel«. Ich weiß noch, wie ich einmal in einem Pfadfinderlager war, wo wir lernten, einen Kocher aus einer großen Blechbüchse zu machen, indem wir oben ein Rauchloch und unten ein Feuerloch hineinschnitten. Ich war davon so ergriffen, dass ich eine Freundin mit zu meinem Lieblingsplatz, dem Mooshügel, nahm. (Das war in Illinois, weshalb ich annehme, dass es sich mehr um einen Moosbuckel handelte.) Ich briet Speck auf der Blechbüchse und machte Speck-Sandwiches, die unglaublich gut schmeckten.

Die erste klare Vorstellung, wie ein Garten aussehen könnte, bekam ich, als ich nach Kanada gezogen war. Ich besuchte eine neue Freundin, die in einem gemieteten Haus in Duncan hier auf Vancouver Island lebte. Der ganze Hinterhof war ein einziger Dschungel. Außerhalb der Wege war alles ein dichter, verhedderter Himbeerschlag. Ursprünglich hat vielleicht jemand saubere Reihen gepflanzt und die Sträucher hochgebunden, aber die Himbeeren haben schließlich über die wechselnden Mieter triumphiert. Wir gingen herum und pflückten, und ich dachte: »Meine Güte, ist das einfach.«

Mir fällt dazu eine andere Gartenerfahrung ein, die mir noch lebhaft in Erinnerung ist: Es war, als ich eine Tante und einen Onkel besuchte, die auf einem Zehn-Morgen-Grundstück in Oregon lebten. Sie hatten das ganze alte Gerümpel von einer Stelle weggekarrt, die als Autofriedhof gedient hatte, und einen wunderbaren Teich entdeckt, mit einem eigenen kleinen Ruderboot dazu. Am Wasserrand wuchs, die Wurzeln im Schlamm, ein Doppelwesen – ein Baum, um den sich ein Weinstock rankte. Hoch oben in der Luft waren die Trauben. Meine Tante erntete mehr Trauben, als sie verwerten konnte, von diesem einen Weinstock, der ohne jede Pflege jahrelang in einem Feuchtgebiet wuchs und einen lebenden Baum als Spalier benutzte. Er wurde nie beschnitten, bewässert oder gedüngt.

Ich kann mich beim besten Willen nicht erinnern, dass in meiner Kindheit jemand einen Gemüsegarten angelegt oder Gartenprodukte eingemacht hätte. Tatsächlich habe ich eine krankhafte Angst vor Eingemachtem, weil meine Mutter mir immer wieder eine Horrorgeschichte aufgetischt hat, dass sich irgendwo in Kansas die Leute bei einem Gemeindepicknick mit hausgemachten Sachen vergiftet hätten und alle gestorben seien.

Meinen ersten Garten habe ich angelegt, als ich in Centralia, Illinois, in der dritten Klasse war. Ich war damals acht Jahre alt. Ich kann mich genau erinnern, wie ich ein Stückchen Erde hinten an der großen Parzelle neben einem Schuppen und einer Allee umgegraben habe. Es war 1947 – in den Polio-Jahren –, und unten an der Straße war ein großes Anstaltskrankenhaus, »The Sister Kenney Foundation«. Da weder mein Vater noch meine Mutter je einen Garten hatten, muss ich jemand anderem dabei zugesehen haben. Auf jeden Fall wusste ich, dass man die Erde umgraben muss, um sie aufnahmebereit zu machen, und ich weiß noch, wie ich geschaufelt und geschaufelt habe, in Erwartung des kommenden Frühlings.

Meine ersten Pflanzen waren seltene Exemplare, die ich am Straßenrand fand – wo auch sonst? Ich weiß heute, dass es Wegerich war. Am besten gefiel mir die Sorte mit den dicken, gesprenkelten Blättern, die eine Abwechslung von dem üblichen Grün waren. Ich pflanzte diese wilden Sachen reihenweise in mein Gartenstück. Seither habe ich nie mehr versucht, Wegerich zu verpflanzen (warum sollte ich?), und ich glaube, es wäre schwierig. Damals war es das offenbar nicht, denn ich erinnere mich an viele Reihen mit schönen Pflanzen.

Ich sehe diese Szene, die endlos vor meinem inneren Auge abläuft, wie durch ein nebliges, beschlagenes Fenster. Ich erinnere mich, wie sich die Erde anfühlte, die in meinen Fingern zerkrümelte. Viele, viele Pflanzzeiten voll zerkrümelnder Erde und wunderbarer Berührungsempfindung sind zwischen jenem ersten Garten und heute verflossen. Manchmal frage ich mich: »Ist das wirklich passiert?«

Ich bin so froh, dass mir niemand gesagt hat, wie man einen Garten anlegt. Niemand hat mir Pflanzensamen gegeben oder ein »Anfänger-Gartenset«. Niemand hat mir über die Schulter geschaut. Ich durfte Wildkräuter verpflanzen, die Mutanten bewundern, ohne mir Gedanken über ihren Wert zu machen, weil ich sie mit unschuldigen, bewundernden Augen sah. Es fehlte mir weder an Ideen noch an Entdeckerfreude. Das Komische ist, wenn ich ein Mädchen sehen würde, das so neugierig und hoch motiviert wäre wie ich damals, hätte ich das Bedürfnis, ihre Umgebung zu »bereichern«. Etwas, worüber man nachdenken sollte, nicht wahr?

Wieder ein wolkiger, kühler Tag im Anzug. Die Bienen sind wohlauf. Sie lassen mehr von ihren Waben im Freien. Unsere Pampa hinten hat jetzt feste Wege von den häufigen Ausflügen, wenn wir »nach den Bienen sehen« – als ob wir sie betreuen würden; als ob wir etwas für sie tun könnten! Die Waben sind so schön, so vollkommen, wie cremeweiße Untertassen, in einer sauberen Reihe aufgehängt. Von der Westseite gesehen, wenn die frühe Morgensonne sie von hinten erleuchtet, sehen sie aus wie Porzellan, mit durchsichtigen, zerbrechlichen Rändern.

Alles Liebe, Carol

CAROLS TAGEBUCH

Eine ganze Menge Dinge brodeln in mir, seit ich die neueste Meldung über »neurologisch induzierten Bluthochdruck« gehört habe. Wenn das von Anfang an ein Teil meiner Krankheit war, fühle ich mich betrogen. Ich kann alle Symptome vorweisen, aber kein Arzt hat mir je wirklich zugehört oder sich die Zeit genommen, nachzuforschen. Vor sieben Jahren bin ich zu einem Neurologen gegangen und habe ihm alle meine Symptome geschildert, einschließlich der seltsamen Unfähigkeit, »an einer Stelle zu stehen« – wie elend ich mich fühle, wenn ich in eine stehende Position gezwungen werde. Er antwortete mir: »Vielleicht sollten Sie einmal über die psychologischen Ursachen nachdenken, warum Sie nicht gerne stehen.« Ich erklärte ihm, dass ich nicht einmal lange genug stehen konnte, um ein Gespräch zu führen oder einen Vogel zu beobachten oder einen Baum zu beschneiden. Ich konnte alles nur noch im Sitzen machen. Er hat es nicht für nötig gehalten, die Sache weiterzuverfolgen.

Ich lebe seit zehn Jahren im Fegefeuer, mein körperliches Dasein ist eine einzige Höllenpein, und ich bin mit einer unsagbaren Müdigkeit geschlagen. Es ist wie auf einer Achterbahn der Gefühle. Ich kann mir kaum den Gedanken erlauben, dass es mir vielleicht besser gehen könnte ... Es macht mir Angst, wenn ich mir vorstelle, ich könnte meine Energie zurückbekommen, ich könnte wieder auf den Cobble Hill Mountain steigen, ich könnte fähig sein, zu rennen und im Garten zu arbeiten und mit anderen Leuten zu reden. Es ist wohl eine ähnliche Angst, wie sie jemand empfindet, der jahrelang eingesperrt war und jetzt in die wirkliche Welt entlassen wird. Aber meine größte Angst ist natürlich, dass die Behandlung nichts hilft und dass ich weiter hier in der Hölle schmoren muss.

In einem Medizinreport bei CNN haben neulich zwei Ärzte über das Chronische Müdigkeitssyndrom und die Frage diskutiert, ob Bewegung in diesem Fall heilsam ist. Der eine Arzt empfiehlt dem Patienten so viel Bewegung wie nur möglich. Der andere führte »Beweise« an, dass körperliche Anstrengung Hirnschäden nach sich ziehe (irreversible, seiner Meinung nach), wenn der Patient es übertreibe. Woher soll ich wissen, wie viel ich tun darf oder soll? Wenn man sich überanstrengt, kann das einen Rückfall von Tagen, Wochen oder sogar Monaten auslösen. Selbst diese Forschungsmediziner wissen nicht, warum das Chronische Müdigkeitssyndrom den Körper eines Patienten so zugrunde richtet.

Nach so vielen Krankheitsjahren kann ich mich endlich mit all meinen »Einschränkungen« akzeptieren. Ich habe mir einen neuen Lebensstil angeeignet: ruhige Aktivitäten und zwischendurch ein Nickerchen, Vögel beobachten und mich an den kleineren Dingen freuen. Für jemanden, der mich vorher gekannt hätte, sähe es wie eine radikale Kehrtwendung aus.

22. JUNI

Liebe Carol, deine Geschichte von dem Weinstock, der sich an dem Baum hinaufrankte, hat mich wieder an das Haus erinnert, in dem ich aufgewachsen bin. Gleich am Waldrand war ein Rosenstrauch, der in einen Hartriegel hineinwuchs. Niemand half dabei nach; niemand versuchte, sich ihm in den Weg zu stellen. Es war etwas, was nie auffiel, außer in den kurzen Wochen, wenn der Baum mit blaßrosa Blüten geschmückt war. Ich liebte diese Wildheit. Es erinnert mich an einen anderen Anblick – leuchtende Narzissen, die an einer verlassenen Walfang-Station auf den Queen-Charlotte-Inseln wuchsen. Ich war berührt von ihrer Zähigkeit, der Eindringlichkeit ihres Bestehens, wo doch die einzige Erinnerung an die Menschen, die sie gepflanzt hatten, ein leeres Kellerloch war. Unter dem Hartriegel, der bei meinen Eltern zu Hause stand, wuchsen Büsche, die wir Berglorbeer nannten und die ganze Trauben von rosa Blüten hatten, mit gekräuseltem Rand wie winzige Teetässchen für eine Elfenparty. Kein Duft, an den ich mich erinnern kann, aber ich habe noch ihre zarte Form und die deutlich sichtbaren winzigen Staubfäden in ihrer offenen Kelchmitte vor Augen.

Diese Erinnerungen faszinieren mich. Jahrelang hat meine Mutter sich mit einer Dauerrabatte abgemüht. Ich weiß noch, wie sie sich freute, als sie feststellte, dass es funktionierte, obwohl ich keine Erinnerung habe, wie die Rabatte aussah. Was mir im Gedächtnis geblieben ist, sind die Obstbäume und die schattigen Wäldchen, die mit Dreiblättriger Zeichenwurz und Doppelsporn übersät waren. Ich habe gern an Pflanzen herumgemacht: Wegerichblätter entlang den Adern aufgeschlitzt, mit den Fingernägeln Zeichnungen in Falläpfel eingeritzt und den roten, fleischigen Teil von Eibensamen ausgequetscht.

Einer meiner Lieblingsgärten ist in Idaho, wo ein paar Freunde vor vielen Jahren »zurück zur Natur« gegangen sind. Sie lebten in einer Jurte, umgeben von üppigen runden Beeten mit verwilderten Riesenkräutern – sternförmiger Baldrian, hoch aufragende Grasähren und Alantblätter. Ihr

Klohäuschen lugt aus einem Meer von rosaviolettem Opium-Mohn hervor. Es liegt etwas Wildes, Extravagantes über diesem Garten mitten in einem Wäldchen aus verkrüppelten Kiefern.

So habe ich Gartenarbeit am liebsten – als Kupplerin, die eine bescheidene Blume mit einem schüchternen Stück Land bekannt macht und zusieht, wie die beiden so gut miteinander auskommen, dass ich selber unwichtig werde. Es liegt wohl an meiner angeborenen Faulheit. Vor Jahren habe ich blauviolette Clematis vor einem verwitterten Holzzaun gepflanzt. Die Sache ging schief, und die Clematis wurde kleiner statt größer, dann verschwand sie. Ich dachte nicht mehr daran, bis ich in einem Frühsommer viele Jahre später große blaue Blüten entdeckte, die sich zwischen die roten Blätter einer Japanischen Aprikose schmiegten. Es dauerte eine Weile, bis ich mich erinnerte, dass ich sie selber gepflanzt hatte, und sie gedeiht jetzt noch besser, seit ihre Spitze an die Sonne vorgedrungen ist.

Was du über deine Gartenerfahrungen schreibst, hat mich sehr beeindruckt. Ich habe so etwas nie aus eigenem Antrieb gemacht. Eines Sommers hat meine Mutter beschlossen, dass mein jüngerer Bruder und ich einen eigenen Garten haben sollten, aber ich kann mich nicht erinnern, dass etwas darin war außer Kapuzinerkresse, die sich wie verrückt ausbreitete. Ich mochte ihre grell-orange Farbe. Später pflanzte ich Kapuzinerkresse zwischen meine Kürbispflanzen – wie es in einem Garten-Handbuch empfohlen wurde –, und sie explodierte geradezu und kam jedes Jahr wieder. Wir aßen die Blüten und Blätter, und ich legte die Früchte in Essig ein, als »Kapern«, wie wir es hoffnungsvoll nannten. Ich finde es schön, kurz vor der Dunkelheit in den Garten zu kommen, wenn alles grau und stumm wird außer jener aufreizenden Kapuzinerkresse. Inzwischen hat sie sich so ausgewuchert, dass sie die Bohnen zu ersticken droht, und ich zwinge mich, sie auszurupfen. Aber ich lasse immer zu viele drin, weil ich vergesse, wie groß die Pflanzen werden, und so geht der Kampf den ganzen Sommer über weiter.

Neulich hat Rudy einen Wein an seinem Drahtspalier entlang aufgebunden, und da entdeckte er, dass der wuchernde Rosenstock, der an der gegenüberliegenden Mauer wächst, eine lange Ranke über die Drähte hinweggestreckt hatte und jetzt herauswuchs, dem Wein entgegen. Er fragte mich, was er tun sollte. Ich wusste, er wollte die Erlaubnis, den Rosenstrauch wieder in seinen zugewiesenen Bereich zurückzuziehen. Mich faszinierte es, dass er seine Grenzen sprengte und eine Art »Drahtlyrik« schuf. Andererseits weiß ich, es kommt die Zeit, wo mir die Dinge so aus der Hand gleiten, dass ich jemanden brauche, der mehr Sinn für Disziplin hat. Eine Frage des Gleichgewichts, nehme ich an.

Von meinem Fenster kann ich einen Schlafmohn sehen, der zwischen ein paar Steinplatten hochblüht, die ich letzten Sommer gelegt habe. Ich wollte dort allenfalls ein bisschen kriechenden Thymian. Jetzt ist der Mohn da, von einer blutig-orangen Farbe, satter als die der Kapuzinerkresse, und er taucht genau an der Stelle auf, wo mein Stuhl stehen sollte. Ich bin hin und her gerissen zwischen dem Entzücken über sein unerwartetes Auftauchen und dem Ärger, dass er an der falschen Stelle kam. So kann es gehen.

Der Jasmin hat diese ganze Seite des Hauses überwuchert. Morgen will ich ihn zurückschneiden, ehe er alles Licht von den Fenstern wegnimmt.

Alles Liebe für dich, Dorothy

26. JUNI *10 Seerosen haben gestern geblüht! Der Sommer ist da!*
Liebe Dorothy, ich nehme an, Rudy hat dir erzählt, dass ich an eurem Garten gehalten habe, um mir den Rosenstrauch anzusehen, der sich dem Wein entgegenreckt, und den Mohn, der da wächst, wo er nicht soll. Ich musste dabei an dich und Rudy denken und welch aufschlussreiche Erfahrung es ist, mit einem Partner zusammen zu gärtnern. Ich könnte Bände darüber schreiben.

Es ist einfach, sich die Höfe und Gärten der Leute anzusehen, ohne jemals dahinterzukommen, wie sie geworden sind, was sie sind. Der Gärtner beeinflusst jeden Baum, jeden Busch, jede Ranke, Blüte, jedes Gemüse und jeden Grashalm. Denk nur an die Diskussionen, die Überlegungen, die in jede Pflanze gesteckt werden, an die Liebe, die man in sie investiert. Wenn es so einfach aussieht wie bei dir, dann verstehe ich, warum die Leute von einem Garten überwältigt sein können und meinen, es sei die pure Magie.

Als ich in der vierten Klasse war, ist mir etwas Wunderbares passiert: Ich habe meine erste Brille bekommen. Ich weiß noch, wie ich an jenem Tag in die Schule ging und Dinge sah, die unglaublich waren: einzelne Blätter an den Bäumen und die Gesichter meiner Freunde. Davor war meine Welt verschwommen wie unter Wasser gewesen. Jahre später, als ich die impressionistischen Maler entdeckte, fragte ich mich, ob sie auch kurzsichtig waren! Ich bin sicher, dass der verschwommene Blick, mit dem ich als Kind die Welt wahrgenommen habe, meine Vorstellungen davon geprägt hat, was natürlich, schön und richtig ist. Selbst jetzt noch nehme ich oft meine Brille ab und sehe mir diese ganz andere schöne Welt an, die da ist. Sobald ich ohne Brille bin, passiert etwas Seltsames: Ich habe beinahe das Gefühl, unsichtbar zu sein. Wenn ich dich nicht sehe, kannst du mich auch nicht sehen. Für mich ist das eine große Hilfe, wenn ich allein in der Öffentlichkeit essen muss.

Ich liebe Grün in allen Variationen, Grün in Hülle und Fülle, mit kleinen Einsprengseln anderer Farben dazwischen, gerade so, wie man es in der Natur findet. Meine Lieblingsfarbe ist »Frühlingsgrün«, das, was Robert Frost »Gold« nannte: »Gold ist das erste Grün im Jahr, so flüchtig nur, so ungreifbar.«

Ich kann mich in der Betrachtung des vielen Grüns verlieren. Ron und ich lästern immer, dass meine Welt »ein grünes Gemälde« ist, und ich kann mir nichts Schöneres denken, als es genau richtig hinzubekommen. Ich sitze in meinem Liegestuhl und schaue auf den Obstgarten hinunter, und ich schwelge im Grün der Apfelbäume, der Leyland-Zypressen-Hecke, der

Glyzinie, des Geißblatts, der Weinranken, Fliederbüsche, Schwertlilien und Hortensien. Jenseits davon sind die Farbkleckse von »Rons Steingarten«, die durch das Grün hervorlugen: gelbe, orange und rosa Mohnblumen, lila Ehrenpreis und gelbweiße Namenlose. Jetzt werden allmählich auch die Äpfel sichtbar, als Punkte in wieder einer anderen Grünschattierung. Das Bild wäre unvollständig ohne den Hintergrund aus dunkelgrünem Efeu und den verschiedenen Gräsern, die dazwischen wachsen.

Am Ende einer Pflanzsaison nehme ich meine übrig gebliebenen Blumensamen und pflanze sie über den ganzen Garten verteilt ein, überall dort, wo sie vor dem Rasenmäher in Sicherheit sind. Diese kleinen, leuchtenden Überraschungen runden das Bild ab, so wie die vielen Pflanzen, die ich vom Straßenrand mitbringe (Springkraut, »Monsterpflanzen« usw.). Und nicht zuletzt steuern die einheimischen Pflanzen ihre Farbkleckse bei – Brombeerblüten, Scheinspiere, Johanniskraut, Löwenzahn, Gänseblümchen, Butterblumen und sogar Disteln, bis Ron sie findet.

Als ich neu in diese Gegend Kanadas gekommen bin, haben mich die Leute gefragt: »Haben Sie keine Sehnsucht nach den wunderbaren Herbstfarben im Osten?« Um die Wahrheit zu sagen, nein – sie fehlen mir nicht. Ich liebe unsere Herbstfarben hier, weil sie immer mit dem dunklen Grün der Tannen, Kiefern, Schierlingstannen und Zedern vermischt sind. Herbstfarben, geschmackvoll in mein grünes Gemälde gestreut. Wenn die Farben erloschen sind, weiß ich, dass die immergrünen Nadeln noch da sein werden, zusammen mit den immergrünen Breitblättrigen Hutbäumen und -büschen und den Moosen und Farnen. So habe ich das ganze Jahr über ein lebendiges grünes Gemälde, an dem ich mich erfreuen kann.

Ich weiß nicht, ob ich dir von *Nobody Nowhere?* erzählt habe, der Autobiographie einer autistischen Frau. Mir hat Donna Williams' Beschreibung von Gras gefallen – offensichtlich ein ganz anderes »Sehen«, aber eines, das ich nachempfinden kann. Wir »normalen« Menschen glauben, dass wir alle ziemlich gleich sehen, aber ich weiß, dass es nicht so ist.

Eine Radnetzspinne hat ihre Fäden zwischen zwei Bücherregalen gesponnen. Ich darf nicht vergessen, dass wir dort nicht hineingreifen dürfen. Meistens ist die Spinne nicht zu sehen. Jetzt trifft das erste Sonnenlicht ihr Netz. Es ist golden, und sie ist eifrig dabei, ihre Falle zu reparieren.

Ich möchte hinausgehen und den Garten erkunden und sehen, was sich seit letzter Nacht verändert hat. Gestern hat die violette Wasseriris geblüht, die erste Blüte der Saison. Und natürlich muss ich nach den Bienen sehen.

Alles Liebe, Carol

1. JULI

Liebe Carol, ich habe heute Morgen an Robert Frosts Gold gedacht, als ich meinen Spaziergang machte. Die wilden Gräser an der Straße sind in Blüte gekommen. Ich mag am liebsten die feinen, seidigen. In der frühen Morgensonne sind sie golden, schimmernd wie Netze gesponnener Seide, so elegant in ihrer absoluten Gewöhnlichkeit dort an den Straßenböschungen.

Die Straßenränder waren meine Inspiration in diesen letzten sechs Jahren morgendlichen Gehens. Sie halten mich am Boden, zeigen mir, wo genau wir in der Jahreszeit sind. Jetzt ist gerade die Zichorie in Blüte. Die Pflanzen sind ausgefranst, asymmetrisch und plump, aber die Blüten sind nachtblaue Gänseblümchen mit feinen weißen Zungen in der Mitte. Die Wicken sind auch heraus, mit ihrem etwas mehr ins Lavendelblaue spielenden Farbton, und an einem Abschnitt habe ich einen Fleck mit wilden Löwenmäulchen gesehen, eine meiner liebsten Kindheitsblumen.

Ich weiß noch, wie ich das erste Mal die wilden Orchideen an der Straße entdeckt habe: Kalypsos, Korallenwurz und Netzblattorchideen. Sie wachsen in unseren Wäldern, aber dort sind sie geschützt. Am Straßenrand wirken sie so verletzlich, dass ich eine Höllenangst um sie hatte. Aber wer soll sie finden, wenn er nicht zu Fuß dort geht? Und die paar Fußgänger, an denen ich vorbeikomme, sind alle viel zu nett, um ihnen etwas anzutun. So können sie überdauern und kehren jedes Frühjahr wieder.

Es gibt so viel Schönheit an den Straßenrändern: winzige, kugelige Holunderbeeren, leuchtend rot auf ihren violetten Stängeln; üppige weiße Pracht-Brombeerblüten, die sich in durchsichtige orangerote Beeren verwandeln; die blassrosa Blüten der Linnäe, die wie Trompeten aus ihren gegabelten Stängeln wachsen. Aber ich bewundere auch Pflanzen, die nicht als schön gelten: die Klettenhalme, wenn die rostroten Samen an ihnen reifen; die winzigen gelben Greiskraut-Blüten, so zerbrechlich und planlos, die wie Sterne unter den dunklen, schattigen Fichten leuchten; und schließlich die ungestüme Kalligraphie der vertrockneten schwarzen Samenhülsen an den wuchernden Wicken. Ich reiße Kletten erbarmungslos aus, wenn sie sich im Gras um das Haus herum zeigen – sie breiten sich aus wie ein Buschfeuer und haben Pfahlwurzeln, die bis in die Hölle reichen. Am Straßenrand jedoch kann ich die Architektur ihrer Samenhülsen bestaunen – winzige, geriffelte Raumkapseln -, ohne dass ich den Drang verspüre, sie zu bändigen und zu zähmen. Es ist nur eine andere Seinsweise der Dinge – wild, geheimnisvoll und außerhalb meines Zugriffs.

Seit meinem letzten Brief habe ich darüber nachgedacht, warum ich pflanze, was ich pflanze. Es hat mehr mit Erinnerungen und Assoziationen zu tun als mit vernünftiger Gartenplanung. Drei Fliederbüsche waren hier, als wir die Farm gekauft haben, aber ich habe noch ein paar mehr gepflanzt. Ich brauchte sie als Erinnerung an den »Gasthof zum Flieder« und weil sie ein Sinnbild für alteingesessene Behausungen sind. In der Prärie habe ich immer wieder gesehen, dass Fliederbüsche alte Türschwellen markieren. In unserer Gegend hier wachsen sie sich zu riesigen, ausladenden Hecken aus.

Wir haben die Laube über der Steinterrasse hauptsächlich deshalb gebaut, weil ich Glyzinien an den Zedernholzstreben hochranken lassen wollte. Die ganze Vorderfront des Hauses, in dem ich aufgewachsen bin, war mit Glyzinien überwuchert, und die Nachbarn weiter unten an der Straße hatten eine Veranda, die mit einem wahren Sturzbach von Glyzinien überdacht war.

Schlafmohn pflanze ich, weil er mich an Monet-Bilder erinnert. Und ich halte Johannisbeeren in Erinnerung an die roten und weißen, die ich so gern abgestreift und gegessen habe, als ich noch ein Kind war. Irgendwie ist ihr Geschmack jetzt nicht mehr so berauschend wie damals, aber ich weiß noch, dass es mich sehr geschmerzt hat, als wir sie herausreißen mussten, weil sie eine Krankheit hatten, die die Rotkiefern bedrohte.

Manchmal pflanze ich Bäume für Menschen: einen Haselnuss-Strauch, als Cicely geboren wurde, einen Koreanischen Hartriegel, als Rudys Mutter starb. Andere Pflanzen erinnern mich an die Leute, die sie mir geschenkt haben: die durchsichtige gelbe Pfingstrose von Peg, die als erste von meinen Winterharten im Frühjahr blüht; das wilde Alpenveilchen der alten Bea Palmer, die ganze Wälder von Wildblumen in ihrem Garten heimisch gemacht hatte; der mittlerweile riesige wilde Kirschbaum, der sein Leben als Schößling im Garten einer anderen Freundin begonnen hat.

Viele Sachen pflanze ich wegen ihres Dufts: Jasmin, Virginische Zaubernuss, Februar-Seidelbast und, natürlich, die alten Rosen. In der jetzigen Jahreszeit parfümiert der Jasmin die Luft in unserem Schlaf- und Badezimmer. Ein Duft so stark, dass es fast zu viel ist.

Anpflanzen ist der einfachste Teil, zumal Rudy sich meistens um das endlose Bewässern in den sommerlichen Trocken- und Hitzeperioden kümmert. Was mir viel mehr zu schaffen macht, sind die ständig anfallenden Arbeiten, mit denen ich nie zurande komme. Irgendwie werde ich jedes Jahr fauler, aber das hindert mich nicht daran, neue Pläne, neue Ideen auszuhecken, was ich noch anpflanzen könnte. Doch inzwischen begnüge ich mich immer öfter damit, hier ein bisschen Schöllkraut und dort ein bisschen Borretsch zu säen, in dem Wissen, dass sie mit einigem Glück gut gedeihen und sich ausbreiten werden, so dass es für mich nichts weiter zu tun gibt, als mich darüber zu freuen.

Wie geht es den Bienen? Unser Heu ist gemäht, und wenn wir Glück haben, wird es heute Nachmittag noch geschobert. Ich hoffe es jedenfalls.

Es hat nur einmal draufgeregnet, und nur ganz leicht. In den meisten Jahren regnet es mehrmals drauf, und es wird dann ganz stumpfbraun, bevor es zu Ballen gepresst wird.

Alles Liebe für dich, Dorothy

CAROLS TAGEBUCH

Morgens in aller Frühe mache ich meinen Rundgang und bin voller Pläne und kluger Ideen für die Dinge, an denen wir gerade arbeiten, und dann, gegen elf Uhr, bringe ich keinen vollständigen Satz mehr zusammen und frage mich, wie ich mir einbilden konnte, dass ich das alles schaffen würde. Nach einem Nickerchen, wenn ich wieder ein bisschen Kraft geschöpft habe, bin ich erst recht entsetzt, dass ich die Realität so aus den Augen verlieren konnte und all diese Pläne gemacht habe. Das Chronische Müdigkeitssyndrom ist wie ein täglich wiederkehrendes manisch-depressives Krankheitsbild, bloß bin ich weder manisch noch depressiv. Es ist wohl mehr ein Wechsel von totaler Euphorie zu tiefster Erschöpfung. Niemand außer Ron sieht diese Verwandlung. Sie ist so vorhersagbar wie die Uhr, und ganz und gar unerbittlich. Selbst an meinen »besseren Tagen« stellt sich dieses Auf und Ab unweigerlich ein. Ich habe ungefähr zwei Stunden passabler Energie und Beweglichkeit am Nachmittag. Wenn ich sie aufbrauche, muss ich danach alles abbrechen. Wenn ich es ganz, ganz langsam angehe, kann ich wenigstens bis vier Uhr nachmittags oder sogar ein bisschen länger durchhalten.

Gestern mussten Ron und ich nach Duncan zur Versicherung, aber um 4.15 Uhr war ich schon in meiner Erschöpfungsphase. Also haben wir mich in die warme Badewanne gelegt, und ich bin zehn Minuten dringeblieben. Im warmen Wasser zu liegen regt den Blutzufluss zum Gehirn an und bringt mir ein bisschen Energie zurück – so wie wenn man den letzten Rest Zahnpasta aus einer Tube quetscht. Normalerweise legen wir Termine auf einen Zeitpunkt, zu dem ich es einigermaßen verkraften kann, so dass ich die eben beschriebene Prozedur nicht allzu oft über mich ergehen lassen muss, aber wir können die Welt nicht immer nach meinen Bedürfnissen zurechtbiegen.

Ron half mir, aus der Badewanne zu steigen, mich anzuziehen und in den Wagen zu kommen. Ich musste den Liegesitz benützen, und als wir bei der Versicherung ankamen, blieb ich draußen, während Ron den ganzen Papierkram erledigte und mich erst zum Unterschreiben hereinholte. Hinterher sind wir sofort nach Hause gefahren, und ich habe mich auf die Couch gelegt. All das zeigt, dass es unmöglich für mich ist, nach der »Weltzeit« zu funktionieren.

3. JULI *7 Seerosen blühen. Kalt und bedeckt.*

Liebe Dorothy, ich habe über unser Telefongespräch gestern Abend nachgedacht und mir gewünscht, wir hätten es auf Tonband aufgenommen. Es sind so viele Dinge darin aufgetaucht, die ich wichtig finde. Beim Herumzappen im Fernsehen stoße ich hin und wieder auf eine Gartensendung. Es gibt so viele davon, genauso wie es Berge von Gartenbüchern in den Regalen unserer Buchhandlung gibt. Sie sind schön und glänzend, reich ausgestattet, aber dennoch steril, wie ein Malen-nach-Zahlen-Set. Ich kann mich gut erinnern, wie ich selber Malen nach Zahlen gemacht habe, als ich klein war. Jetzt frage ich mich manchmal, was gewesen wäre, wenn man mir stattdessen einen Kasten mit Ölfarben und eine leere Leinwand gegeben hätte? Können diese Fernsehsendungen und Gartenbücher tatsächlich Wissen vermitteln und den Leuten als Inspirationsquelle dienen? Oder wollen sie lediglich unterhalten und dem Perfektionismus-Kult frönen? Ist es – ähnlich wie beim Sport – ein Ersatz für körperliche Aktivität, wenn man die Bücher besitzt? Etwas zum Nachdenken.

Es hat mich sehr erfüllt, am Malaspina College Töpfern zu unterrichten, in jenem letzten Jahr meiner Lehrtätigkeit. Die erste Veranstaltung im Semester dauerte drei Stunden, und ich ging mit den Studenten ins Freie, um Lehm auszugraben. Das war leicht, weil Lehm nicht kostbar ist; er ist überall. Glücklicherweise mussten wir an jenem Tag nur ungefähr dreißig Zentimeter tief graben, bis wir fündig wurden. Wir brachten Tüten voll grauem Lehm ins Klassenzimmer und machten ihn feucht und glitschig, dann formten wir kleine Gegenstände daraus: Perlen, Tiere, Amulette. Während die Studenten ihre Sachen schnell auf einem Ofen trockneten, brachte ich auf dem Kiesweg draußen ein Holzfeuer in Gang. Dann setzten wir uns im Kreis herum und schoben die Lehmfiguren langsam zum Feuer hin und schließlich bis in die rot glühende Mitte. Bis die dreistündige Veranstaltung zu Ende war, hatte sich eine magische Wandlung vollzogen. Wir holten lachsrosa Perlen, Tiere und Amulette aus dem Feuer. »Das ist Töpfern«, sagte ich. »So leicht ist es. Alles, was wir sonst noch in diesem Semester lernen, sind nur Verfeinerungen.«

Bei der Gartenarbeit ist es genauso: Man muss nichts lernen, um einen Garten anzulegen. Außer ein paar selbstverständlichen Dingen, die wir alle kennen – ein Loch graben, einen Samen einsetzen, ihn begießen und keimen lassen. Feinheiten, die darüber hinausgehen, kommen mit der Zeit und mit den jeweiligen Vorlieben des Gärtners von selber. Ich bin froh, dass niemand da war, der es mir unnötig schwer gemacht hat, als ich damit anfing.

Wir wissen beide, dass wir alle Gartenweisheit, die wir besitzen, allein durch Erfahrung erworben haben, und folglich haben wir auch keine Gartengeheimnisse, die wir weitergeben könnten. Jedes Stück Erde ist anders und in ständiger Veränderung begriffen, so dass unsere Erfahrungen nur uns allein gehören. Für den Anfang genügen ein paar Grundregeln. Als ich angefangen habe, Gartenbücher zu lesen, gab es nur wenige Klassiker: Ruth Stout, die Nearings usw. Was sie alle gemeinsam hatten, war, wenn ich mich recht erinnere, die Behauptung, dass ihre Methoden die richtigen und/oder revolutionär seien. In Wahrheit war es wohl eher so, dass das, was sie machten, ausschließlich auf ihr Fleckchen Erde und ihre Bedürfnisse zugeschnitten war.

In der Zeit, als ich eine engagierte Töpferin war, Autodidaktin seit zwei Jahren und begierig, mehr zu lernen, hat mir eine erfahrene Künstlerin den Rat gegeben: »Gehen Sie nacheinander zu sechs Lehrern. Lernen und

machen Sie alles, wovon jeder dieser Lehrer meint, es sei richtig. Schließlich werden Sie Ihre eigene Methode finden.« Ich denke, damit ist mein bisschen Gartenweisheit umrissen, wie man mit dem Rat von »Experten« umgehen sollte. Überall gibt es weise und kundige Leute, die ein ganz normales Leben führen und – ganz im Stillen – außergewöhnliche Dinge machen.

In den Jahren, als ich mit meiner Töpferarbeit beschäftigt war, sind die Leute durch meine Gärten gewandert und konnten sich nicht genug über meinen grünen Daumen wundern. Ich war viel zu beschäftigt, um etwas anderes zu sagen als: »Es ist ganz leicht, wirklich. Sie müssen bloß den Boden umgraben, pflanzen und gießen.« Niemand glaubte mir, weil die Leute Gärten vor sich sahen, an denen ich sieben oder acht Jahre gearbeitet hatte, und jedes Jahr hatte ich etwas Neues gelernt und hinzugefügt.

Ich möchte den Menschen gern vermitteln, wie einfach es ist. Wenn man so viel über Gartenarbeit schreibt, dass man ein Buch damit füllen kann, hat man bereits zu viel geschrieben. Denn für den Anfang braucht man nur wenig Information, sondern einfach Vertrauen. Zum Glück habe ich gedacht, es sei leicht, etwas anzupflanzen, als ich mit dem Gärtnern angefangen habe. Und ich hatte ja auch Recht.

Wenn ich deine Briefe lese, Dorothy, wird mir bewusst, wie ähnlich wir uns sind. Wie du mag ich Straßen und Bahngleise. Ich bin früher jeden Tag kilometerweit gelaufen. Jetzt kann ich das nicht mehr, aber ich mache dasselbe, indem ich aus dem Fenster schaue. Mit mir als seiner ständigen Lehrerin wird Ron zum Wildblumen-Experten. Er nimmt das Vertraute wahr und erkennt, was anders oder merkwürdig ist. Wenn er aufgeregt fragt: »Wie heißt noch mal die gelbe Blume da?«, und ich antworte: »Das ist der Gemeine Hornklee«, brechen wir fast zusammen vor Lachen. Hat er den Namen wirklich vergessen, oder will er nur, dass ich ihn noch einmal sage? Ich habe eine Vorliebe für die volkstümlichen Namen dieser selten klassifizierten Wildblumen an den Straßenrändern und im Brachland.

Die Waben der Bienen verwandeln sich vom bisherigen Elfenbeinweiß in ein etwas fleckiges Gold und Rost – schwer zu beschreiben. Auf jeden Fall passiert etwas da drin. Die Bienen sind mit ihrer Bienenmagie beschäftigt.

Liebe Grüße, Carol

13. JULI

Liebe Carol, ich muss gestehen: Gartenarbeit war nicht immer leicht für mich, auch wenn es jetzt einfacher wird, nachdem mir die Diskrepanz zwischen meinen grandiosen Visionen und meinen Kraftreserven klarer ist – und seitdem ich lerne, das Land hervorbringen zu lassen, was es hervorbringen möchte. Kennst du meine Geschichte von der Wohlriechenden Süßdolde? Ich habe eine Ewigkeit gebraucht, um ein Exemplar zu finden, als ich die Süßdolde zu Ehren unserer Tochter Cicely anpflanzen wollte.* Die Pflanze war hier nicht verbreitet, als Cicely noch klein war, aber schließlich konnte ich ein Exemplar in einer Ecke beim Kräutergarten heimisch machen. Dann schossen plötzlich überall selbst ausgesäte Pflanzen hoch. Also packte ich eines Sommers eine Handvoll reifer Samen und warf sie hinten aus, damit sie nicht alle anderen Kräuter unter sich erdrückten. Im nächsten Frühjahr fand ich Wohlriechende Süßdolden, wo ich die Samen hingeworfen hatte. Innerhalb von ein paar Jahren wurde eine Hecke daraus, eine prachtvolle, mehr als sechs Meter lange Hecke an der Zaunlinie, die vorher unregelmäßig und ungepflegt gewesen war. Es sah aus, als ob jemand die Hecke so geplant hätte – irgendein Erdgeist in Verbindung mit Regen und gefiltertem Sonnenlicht hat es zuwege gebracht. So wäre mir Gartenarbeit am liebsten.

Aber der Kräutergarten war ein Alptraum. Wir hatten eine alte steinerne Brunneneinfassung, ganz grau und flechtennarbig, von der ich glaubte,

* Der englische Name der Wohlriechenden Süßdolde ist »Sweet Cicely«, A. d. Ü.

sie wäre der ideale Mittelpunkt für einen Kräutergarten. Vor vielen, vielen Jahren habe ich ein paar Platten eingegraben, um ein rundes Beet darum herum anzulegen, und ich pflanzte eine Anzahl verschiedener Kräuter ein, die ich von anderen Leuten geschenkt bekommen hatte. Ich wusste nichts über die Selbstverbreitung der Pflanzen – innerhalb kurzer Zeit gewann der Oregano die Oberhand. Ich war zu weichherzig, um drastische Maßnahmen zu ergreifen, also überwucherte er alles, bis ich nur noch Oregano hatte. Er drängte sogar das Flohkraut hinaus. Mittlerweile war das Gras zwischen, auf und über die Platten gekrochen, so dass der Weg völlig zugewachsen war. Ich sah mir das Chaos jahrelang hilflos mit an. Irgendwann grub ich die Platten aus und stürzte in einen Abgrund der Verzweiflung, als ich die ruinierte Erde sah, die darunter zum Vorschein kam. Ein oder zwei Sommer später steckte ich zwei konzentrische Kreise ab, hob die Erde aus und deckte sie mit Plastik, Sand und Backsteinen ab, in der Absicht, einen richtigen Weg zu machen. Danach gab ich wieder auf, abgeschreckt von dem Gedanken, dass ich den Boden neu umgraben und auflockern musste, wo der Oregano wuchs. Schließlich hob ich die schauerliche Erde aus, die übrig geblieben war, als der Brunnen eingesetzt wurde, und belohnte mich mit einer schwelgerischen Fülle von neuen Kräutern und zwei alten Rosen. Sie sind immer noch da, und meistens in Blüte.

Das war meine erste Erfahrung mit Pflanzeninvasionen. Als ich sah, wie schnell das Flohkraut sich ausbreitete, sobald kein Oregano mehr da war, grub ich es aus und verpflanzte es in eine Ecke. Das ist jetzt mein Geheimnis. Ich pflanze stark wuchernde Sachen gezielt dort ein, wo es mir recht ist, wenn sie sich ausbreiten. Ich habe einen Oregano-Hügel an der Ecke vor meinem Arbeitszimmer, und wir kommen prima miteinander aus. Ich hoffe, der Borretsch wächst in dicken Büscheln um den Flieder und die Rosen herum, während ich ihn im Gemüsegarten hasse. Das Flohkraut fühlt sich unter einer Glyzinie am wohlsten, obwohl die Hühner mit Begeisterung darin herumscharren, so dass es ein ständiger Kampf ist.

Manche Dinge, mit denen andere Leute – du zum Beispiel – großes Glück hatten, sind bei mir nichts geworden. So habe ich immer wieder versucht, die »Dreispaltigen«, die du mir gegeben hast, bei mir anzusiedeln. Keine Chance. Ich habe versucht, Rainfarn, der sich sonst überall so irrsinnig ausbreitet, über unsere Einfahrt wuchern zu lassen – wenn er so weitermacht, ist er in zwanzig Jahren vielleicht ein paar Zentimeter größer als der kleine Klumpen, auf den er sich bis jetzt beschränkt. Vor Jahren hatte ich eine ganze Palette von kalifornischen Mohnblumen auf meinem Rasen stehen. Ich war ganz vernarrt in sie. Dann sind sie verschwunden. Pflanzen kommen und gehen. Das lässt sich nie voraussagen. Ich erinnere mich, was für ein Wunder es war, als ich entdeckte, dass im Wald hinten eine Kiefer wuchs. Wir haben Douglas-Tannen dort, echte Tannen, Schierlingstannen und massenhaft Zedern, aber überhaupt keine Kiefern, und auch keine im näheren Umkreis, soweit ich weiß. Der eine Kiefernschössling ist immer noch da, er ist jetzt größer als ich. Genauso der Hartriegel, der in einem Jahr auftauchte und immer größer wurde, aber dabei spindeldürr blieb. Als ich schon glaubte, dass er nie blühen würde, ist er plötzlich doch in Blüte gekommen. Das sind große Geschenke, diese Gaben des Zufalls und der glücklichen Fügung.

Ich gärtnere jetzt seit zweiundzwanzig Jahren auf dieser Farm. In der ersten Zeit wusste ich fast nichts über Pflanzen und nicht allzu viel über mich. Irgendjemand hat mir gesagt, es sei leicht, Dauerrabatten anzulegen: Man pflanzt die Sachen ein, und sie kommen jedes Jahr wieder. Also habe ich eine Rabatte gegraben und sie dann ein oder zwei Jahre später verlängert und einige Zeit danach verbreitert. Jetzt ist sie mit meinen liebsten mehrjährigen Frühlingsblumen angefüllt: Strauchpäonien und normale Pfingstrosen, Rittersporn, echte Lilien und Taglilien, Iris (nicht die große, bärtige Sorte, sondern die mittlere, die mich nicht so einschüchtert). Und ungefähr vier bis sechs Wochen lang sieht es phantastisch aus. Vorausgesetzt, ich schaffe es, im Vorfrühling das Unkraut zu jäten. Seit ich die

Rabatte damals gegraben habe, ist mein Rücken schlecht geworden, und ich muss mir die Uhr stellen, wenn ich jäte. Nicht länger als eine Stunde auf einmal, sonst bin ich völlig krumm. Nach den Frühlingsblumen schießen die Unkräuter hoch, und ich verliere den Mut. Die Dinge kontinuierlich in Ordnung zu halten ist nicht meine Stärke, zumal es im Sommer im Gemüsegarten immer viel zu viel zu tun gibt.

Ich weiß, dass Gärten, die so aussehen wie in den Gartenbüchern, beständige Aufmerksamkeit und Pflege verlangen, nicht nur anfallsweise, so wie bei mir. Bei mir heißt es, der Stärkere überlebt. Wenn ich nur Sachen anpflanze, die ich mag, bin ich zufrieden, egal, was dabei herauskommt.

Ich bin auch ungeduldig. Ich bringe es nicht fertig, ausreichend Platz zu lassen, in den die Bäume und Sträucher hineinwachsen können, so dass es nach ein paar Jahren immer Konflikte gibt. Ansonsten bin ich in letzter Zeit glücklich mit dem Garten. Nach zwanzig Jahren hat der Ort hier allmählich die Atmosphäre, die ich haben wollte: mit Ranken überwuchert, eine Reihe von offenen Flächen zwischen kleinen Bäumen, mit den großen Tannen im Hintergrund. Aber ich liebe die Sonne, warte das ganze Jahr auf diese beiden Sommermonate, und jetzt, wo die Bäume allmählich zusammenwachsen, sehe ich, dass es Zeit wird, wieder ein paar Sonnenfleckchen herauszuschneiden. Ein ewiger Kreislauf.

Als wir neu hierher gekommen sind, gab es eine natürliche Lichtung im Wald, als ob die Bäume in einem großen Umkreis von der Wurzelfäule abgetötet worden wären. Allmählich rücken Erlen herein, und die Lichtung wird struppiger. Ich finde es faszinierend, die Aufeinanderfolge zu beobachten, zu sehen, was passiert, ohne dass ich mich einmische.

Von meinem Fenster aus sehe ich Büschel von Akeleistauden, die in Samen geschossen sind. Anfangs, als wir hierher gekommen sind, waren es viele; dann haben sie sich aus irgendeinem Grund ausgedünnt und sind beinahe spärlich geworden. Jetzt lasse ich die Samen reifen, dann streue ich sie überall herum, und sie kehren zu ihrer früheren Pracht zurück. Sie haben sich durch Kreuzbestäubung zu einer atemberaubenden Mannigfaltigkeit entwickelt – lauter Rosaviolett- und Rötlichblau-Nuancen. Jetzt müsste ich nur noch die Fingerhutstauden hereinlocken. Sie kommen und gehen. Wankelmütige Geschöpfe. Aus irgendeinem Grund mögen sie es direkt hinter der Zaunlinie.

Ich muss lernen, mit dem, was ich schaffen kann, und dem, was ich liebe, in Harmonie zu kommen – also keine Visionen von Hochglanz-Gärten mehr, stattdessen muss ich mich mit einem lockereren, exzentrischeren Stil zufrieden geben. Ich versuche, im Garten-Moment zu leben. Mit den Äpfeln zu sein, wenn sie sich grün färben, dann rote Backen bekommen – und schließlich herunterprasseln, wenn die Gänse sie als leichte Beute aus den unteren Zweigen schütteln. Mich zu freuen, dass der Klatschmohn nach einer Abwesenheit von sieben Jahren endlich wieder im Garten aufgetaucht ist. Zu erkennen, dass es nur eine begrenzte Anzahl von Bereichen gibt, in denen ein Mensch sich austoben kann, und dass der Garten mich dafür nicht braucht... Ein Schritt in Richtung Freiheit.

Wie viele Seerosen diese Woche?

Alles Liebe, Dorothy

25. JULI *7 Seerosen*

Liebe Dorothy, dein Brief vom 13. Juli hat mich viele Dinge klarer sehen lassen. Wie ist es möglich, dass ich sage, Gartenarbeit ist leicht, während du sagst, sie war hart, und wir dann doch zusammenkommen und offenbar am selben Punkt sind, das heißt, in einer sehr ähnlichen Weise unsere Gärten lieben und in ihnen arbeiten? Wir haben, scheint es, an ziemlich entgegengesetzten Enden des Spektrums angefangen und sind mit den Jahren nun an eine sehr ähnliche Stelle gekommen.

Mein jüngstes Wagnis, ein richtiger Blumengarten, kam erst im letzten Jahr. Ron hat ein rundes Beet ausgehoben, das ich nur für einjährige Pflanzen benützt habe: Kosmeen, Geranien, Strohblumen, Petunien, Stiefmüt-

terchen, Kornblumen und ein paar Namenlose. Davor hatte ich nie einen reinen Blumengarten. Ich war so glücklich damit im letzten Jahr: Eines meiner liebsten Fotos ist eine Aufnahme von diesem Garten, durch die Blätter des Apfelbaums gesehen.

Dieses Jahr verändert sich der Blumengarten schon. Es sind immer noch Blumen da, aber ich habe ganz bewusst zwei Rosenstöcke und zwei Pfingstrosen dazugetan, die riesig werden und das Ganze überwuchern sollen, zusammen mit fünf lila Kohlpflanzen, meinem Zufallskürbis und ein paar ungeplanten Tomaten. Wenn die Tomaten zu groß werden, werden sie rausgeworfen – oder vielmehr an eine Freundin weitergegeben, deren ganzer Garten vom Wild kahl gefressen wurde. Wie du siehst, habe ich vor, die »arbeitsintensivsten« Blumen auszumerzen. Ich mag es, wenn ein Garten nicht »gemacht« aussieht, sondern ganz natürlich wirkt. Was wie ein Schwall von Schönheit aussieht, ist in Wahrheit von mir gelenkt.

Es geht mir genau wie dir: Ich liebe und fördere das ungebremste Wachstum pflegeleichter Pflanzen, so dass meine einzige Aufgabe darin besteht, Wege zwischen ihnen herauszuhacken und nebenbei alle Pflanzen auszusäen, die mir am Herzen liegen, viele davon wilde Straßenrandbewohner. Meine Lieblingsplätze sind Brachlandstücke. In Victoria kann ich dir genau sagen, auf welchem unbebauten Grundstück in der Nähe von Capital Iron weiße und lederbraune Zichorie wächst, wo man mühelos Lauchblättrigen Bocksbart findet (auf der Hangseite, wo die städtischen Busse abgestellt sind), wo sich kalifornischer Mohn in jeder erdenklichen Schattierung ernten lässt und in welcher Kurve am Highway es pflegeleichte Kugelamarante in allen Farben gibt.

Ich kenne viele alte Gehöfte und habe mich dort im Lauf der Jahre mit Flieder, Kornblumen, Efeu, verschiedenen Glockenblumenarten und flächendeckenden Pflanzen versorgt, für die ich keine Namen habe. Fast alles in meinem Garten war entweder schon hier, als ich gekommen bin, oder ich habe es hergebracht, mit einer langen Geschichte dahinter. Ron und ich bekommen es schmerzlich zu spüren, wie viel unser Garten uns bedeutet, wenn kleine Kinder da sind und überall hintreten, wo sie nicht dürften. Für sie sieht es nach Straßenrand aus, aber für uns ist es das nicht.

Ich kann dir genau sagen, wo du »Monsterpflanzen« ausgraben kannst, in welchen Kurven am Highway sie wachsen. Ich überwache ihre Fortschritte jedes Jahr. In manchen Jahren wachsen sie wie verrückt, so dass ich mich frage, warum sie nicht als Alien-Gewächse in den Sechs-Uhr-Nachrichten auftauchen. In anderen Jahren werden sie vom Straßenverkehrsamt abgemäht, bevor sie einen Meter hoch sind, und sie versuchen mit aller Kraft, wieder hochzukommen, und tun es auch. Ich kenne alle Stellen, wo die Karde wächst. Ein warmes Gefühl überrieselt mich jedes Mal, wenn ich an einer Stelle vorbeikomme, wo einst meine Pflanzenfreunde standen.

Wenn ich an die Natur-Erlebnisse aus meiner Kindheit zurückdenke, sehe ich mich als kleine Forscherin, die all diese Wunder zum ersten Mal entdeckt. Ich bin immer nach Hause gerannt, um meine Funde vorzuzeigen. Das mache ich heute noch. Ich erinnere mich lebhaft an eine Reise zum Ozark-Plateau, die wir damals gemacht haben, um Tante Dolly und ihre Familie in den Tälern des südlichen Missouri-Hügellandes zu besuchen: Bäume, Felsen und Höhlen. Für mich, die ich in den flachen Kornfeldern von Illinois aufgewachsen bin, war es wie ein Wunder. Ich erinnere mich an die beiden Campingtouren, die ich mit meiner Mutter und Schwester in den Starved Rock State Park gemacht habe, am Illinois River entlang. Ich durfte die Pfade alleine abwandern, obwohl ich damals erst acht und zehn war. Ich fand tief eingeschnittene Canyons mit exotischem Blattwerk, das über die Wände herunterhing – Farne und was weiß ich noch alles. Ich weiß noch, dass diese Orte in meinen Augen das Vollkommenste und Schönste waren, das ich je gesehen hatte. Ich wanderte herum, schob mich durch das dichte Unterholz, ohne je einer Menschenseele auf den Pfaden zu begegnen, die sich im Busch verloren. Was für Höhen ich erlebt habe! Ein Ansturm der Gefühle, den ich nie vergessen werde.

Als ich zwanzig Jahre später an der Küste von Oregon entlangfuhr und den Humbug State Park sah, hat mich blitzartig die Erkenntnis getroffen: Das ist wie Starved Rock. Ich habe zwei Jahre dort gelebt, bevor ich nach Vancouver Island gekommen bin. Als ich durch den Goldstream Park fuhr, dachte ich: Hier gehöre ich hin! Wieder hatte ich dieses Hochgefühl, und ich wusste, ich war da, wo ich sein wollte: unter Felsen, Wasserfällen, überhängenden Steilwänden, mit Farnen, Steinkraut und Moosen bedeckt – ungezügeltes Wachstum, üppig, reich und feucht.

Ron nennt mich die »diebische Landschafterin«; ich selbst würde meine Gartenmethoden eher als opportunistisch bezeichnen. Ich benütze, was leicht zu haben ist, und stümpere im Lauf der Jahre damit herum. Langsam verändert sich mein kleines Stück Himmel, in dem Maß, wie ich die magischen Orte meiner Kindheit wieder erschaffe und andere phantastische Bereiche erfinde – immer auf der Suche nach neuen Formen der Verzauberung. Nebenbei habe ich gelernt, das Land zu lesen, natürliche Abflusssysteme oder deren Fehlen zu erkennen, Wärmemulden auszunützen, die durch die Lage des Lands und die Vegetation bedingt sind, und spezielle Pflanzschulen zu schaffen, indem ich die Natur mit Hilfe von Wällen und Hecken, Zäunen und erhöhten Pflanzkästen imitiere. Meistens mache ich mir das zunutze, was schon da ist.

Jetzt, wo ich nicht mehr die körperliche Energie oder Kraft habe, um über Mutter Natur zu triumphieren, entdecke ich mehr und mehr Arbeit sparende Gartenmethoden. Ich sehe die Probleme weit voraus und umgehe sie. In meinen guten Zeiten habe ich mit Begeisterung ganze Tage in der Sonne gesessen, Unkraut herausgerupft und die Erde zerkrümelt. Jetzt kann ich das nicht mehr, also finde ich andere Wege, meine Visionen zu verwirklichen. Und ich bin ziemlich abergläubisch geworden: Wenn etwas irgendwo wachsen will, dann fühle ich mich aufgefordert, darum herumzuarbeiten und es zu einem Teil der ständig sich wandelnden Szenerie zu machen. Das allein hat schon zu einigen höchst interessanten und schönen Entwicklungen geführt.

Jetzt möchte ich mit einem Bekenntnis schließen, das für sich spricht: Vor etwa achtundzwanzig Jahren war ich einmal in den Butchart-Gärten und fand sie langweilig; ich bin nie wieder hingegangen. Normalerweise behalte ich das lieber für mich, weil man sich mit dieser Meinung nicht unbedingt beliebt macht. Ich ermutige meine Gäste, zu den Butchart-Gärten zu fahren, wenn sie Interesse zeigen, aber ich gehe nie mit ihnen. Dagegen macht es mir großen Spaß, mit denselben Gästen an der Straße von Mill Bay anzuhalten und sie zu der wenig besuchten alten Steinbrücke hinunterzuführen. Wir kommen an moosüberwucherten Wasserlöchern vorbei, an Wasserfällen, Büschen und Bäumen, die ein gewölbtes Dach über einem der sieben Weltwunder bilden – dem tiefen, tiefen, großen Schwarzwassersee, der »keinen Grund hat«. Ich bin dann immer ganz still und freue mich an ihren Ahs und Ohs. Solche Spezialführungen mache ich gerne. Niemand bepflanzt diese Orte, und keiner verlangt Eintritt.

Alles Liebe, Carol

CAROLS TAGEBUCH

Ich will heute Morgen partout nicht zum Arzt gehen, aus Angst, etwas Neues anzufangen, und aus Angst vor einem neuen Medikament, das vielleicht nicht hilft oder mit dem es mir noch schlechter gehen wird. Weil ich nicht weiß, was diese Krankheit ursprünglich ausgelöst hat, fürchte ich mich vor allem. Schließlich kann ich nur eines wirklich steuern: das, was ich in meinen Mund stecke. Je näher der Zeitpunkt rückt, ein neues Medikament auszuprobieren, desto öfter sage ich mir: »Es hilft garantiert nichts.« Ich habe so oft vergeblich auf Heilung gehofft, aber trotzdem sagt mir eine Stimme ganz leise: »Vielleicht, vielleicht.«

Ich bin hoch allergisch gegen die meisten Medikamente oder so überempfindlich, dass das »Heilmittel« oft schlimmer als die Krankheit ist. Andererseits sind meine Cholesterinwerte viel zu hoch, und ich kann sie nicht länger mit einer radikalen Diät herunterdrücken, so wie ich es bisher gemacht habe – also muss ich mich nächste Woche medikamentös einstellen lassen. Mein Blutdruck steigt weiter, trotz aller Anstrengungen, ihn auf natürliche Weise in den Griff zu bekommen. All diese Nebenwirkungen können sich durch das Chronische Müdigkeitssyndrom verschlimmern, müssen aber dennoch behandelt werden.

Ich musste in vielem umdenken, seit ich krank geworden bin. Davor lebte ich in dem Wissen, dass ich immer fähig sein würde, für mich und die Meinen zu sorgen. Ich war bereit, härter zu arbeiten als alle anderen, und ich tat es – ich war nicht heikel bei den Jobs, die ich angenommen habe. Seit ich diese Krankheit habe, ernte ich viel Unverständnis bei Freunden und Verwandten, besonders aber beim »Gesundheitssystem«. Dabei bin ich mir bewusst, dass ich im Vergleich zu anderen nicht schlecht behandelt werde, und das verdanke ich der Tatsache, dass ich eine gute Ausbildung, Erziehung, Intelligenz und ein gesundes Selbstbewusstsein habe. Durch meine Erfahrungen in den letzten Jahren bin ich sehr empfänglich für das Elend der Menschen in unserer Gesellschaft geworden, die weniger gut ausgerüstet sind. Wenn aber eine Gesellschaft Bestand haben soll, müssen Möglichkeiten geschaffen werden, dass jeder in Würde in ihr leben kann.

Ich bin froh, dass ich schon eine ganze Weile in dieser Gemeinde gelebt habe, bevor ich krank wurde. So waren genug Freunde und Bekannte da, dass zumindest ein paar von ihnen mir helfen und zu mir halten würden.

31. JULI

Liebe Carol, es ist Himbeerwetter: klarer Himmel, warm, aber nicht drückend. Eigentlich müsste ich draußen sein, durch die Reihen wandern und Joghurteimer mit reifen, roten Beeren füllen. Aber diesen Sommer waren es kaum genug, um den Mund damit zu füllen. Unsere Mieter haben, in bester Absicht natürlich, die Ranken auf Kniehöhe gestutzt – ein Fest für die Hühner, die alles kahl gefressen haben.

Als wir die Farm gekauft haben, gab es einen riesigen Himbeerschlag direkt neben dem Haus. Wir sind an einem 1. Juli hier eingezogen, mitten in der Himbeerzeit, und ungefähr eine Woche später kamen Rudys Mutter, Vater und Großmutter zu Besuch. Sein Vater wollte uns unbedingt helfen, die Renovierungsarbeiten auf den Weg zu bringen. Er war noch drahtig und fit, hatte seinen üblichen, trockenen Raucherhusten und die unvermeidliche Zigarette mit der prekären Aschenschlange im Mundwinkel hängen. Er bewegte sich schleppend, aber wir dachten uns damals nichts dabei. Ein Jahr später starb er an Lungenkrebs. Ich habe in jenem Jahr ganze Eimer voll Himbeeren gepflückt und dabei an ihn gedacht. Zwei Jahre später war gerade meine Schwägerin gestorben – eine Dichterin, die vor Einfällen sprühte und mich immer wieder mit ihrem hintersinnigen Humor überraschte. Ich war schwanger in jenem Jahr und von Ängsten geplagt, weil ich mich für zu verrückt hielt, um wirklich Mutter werden zu können. Ich dachte an Susan, während ich die Beeren damals pflückte, und an das Baby in mir, das ich nach ihr nennen wollte, wenn es ein Mädchen würde.

Rudy hat die Himbeersträucher ein paar Jahre später versetzt, und jetzt behauptet er, dass sie wieder versetzt werden müssen. Wenn ich an den ersten Himbeerschlag damals denke, kommt mir jene bittersüße Erinnerung zurück – die Sonne, die mich so behaglich wärmte, das beruhigende Gefühl, dass ich etwas Nützliches machte, während das Himbeerpflücken in Wahrheit nur ein Vorwand zum Wegdriften und Träumen war, vermischt mit der unterschwelligen Trauer, die für Augenblicke vergessen war, dann ins Bewusstsein zurückkehrte, dann wieder in Vergessenheit sank. Insgeheim hoffte ich, es würde weitere Todesfälle von der Familie abwenden, wenn wir die Himbeeren versetzten. Die neue Stelle hat andere Assoziationen für mich – Sommertratsch mit einer Freundin, die in der Reihe

neben mir pflückt. Oder Cicely, die pflückt wie eine Irre, weil sie die Beeren an den hiesigen Laden verkaufen will.

Für mich ist diese »gewachsene« Zeit wichtig. Ich bin oft so fixiert darauf, etwas fertig zu bringen, von einer Deadline zur nächsten zu hetzen, dass ich die Pflanzen als Anker brauche, der mich am Boden unten hält. Wenn der Februar-Seidelbast seine duftenden rosa Blüten aufsteckt, sagt er mir damit: »Pass auf – sonst verpasst du mich!« Jetzt steht draußen vor dem Fenster ein wilder Rittersporn, eine verrückte lavendelblaue Kreuzung, und jeden Tag hat er weniger Knospen und Blüten, während sich immer mehr Samenkapseln bilden, wie eine Sommeruhr, die die Tage abzählt. Die Seins-Momente der Pflanzen bringen mich mit der Erde zusammen, wenn ich sie lasse, zu ihrer Zeit, zu dieser Zeit, in diesem einen Augenblick.

Was der Garten mich lehrt, ist paradoxerweise, dass die Zeit sowohl umfangend als auch flüchtig ist. Vor Jahren habe ich wilde Kartoffelrosen gepflanzt, aus Samen, die ich bei »Abundant Life Seeds« bestellt hatte. Nach ein oder zwei Jahren waren die Pflanzen, die überlebt hatten, groß genug, dass ich sie an der Einfahrt entlang einsetzen konnte. Sie sind zäh, also sind sie gut angewachsen, obwohl sie sich gegen das Gras behaupten mussten. Nach einigen Jahren waren sie dann entwickelt genug, um in Blüte zu kommen. Im Juni entdeckte ich, dass einer der Sträucher weiße Blüten hatte. Alle anderen waren magentarot. Das störte mich. Ich überlegte mir immer wieder, ob ich ihn ausgraben und einen neuen dafür einpflanzen sollte. Dann sah ich, dass ein weiterer Strauch weiß blühte. Ich sah ein, dass mir die Sache aus der Hand gewachsen war, und beließ es dabei. Auf diese Heckenrosen bin ich stolzer als auf fast alles andere – als wären sie Kinder, die ich selbst geboren und aufwachsen sehen habe. Die Rosengeschichte ist ein gutes Gegengift gegen meine Ungeduld.

Im Augenblick habe ich mehr damit zu kämpfen, dass ich der Zeit hinterherhinke. Nachdem wir so viele Monate weg waren, ist es klar, dass einige Dinge versetzt werden müssen. Ich würde es am liebsten gleich tun, aber ich gieße nicht regelmäßig genug, um es riskieren zu können, deshalb warte ich lieber bis zum Herbst.

Ich habe neulich die Architektur der Wilden Möhre studiert. Sie wächst wie eine aufstrebende gotische Kathedrale, komplett mit Spitz- und Strebebögen. Es überrascht mich immer wieder, dass man jahrelang an etwas vorbeigehen kann, ohne es wirklich zu sehen. Und ich finde es spannend, dass es immer wieder etwas Neues gibt.

Die wilden Kirschbäume sind fast verblüht, aber die Japanischen Aprikosen fangen gerade erst an.

Wie viele Seerosen sind es jetzt?

Alles Liebe, Dorothy

9. AUGUST *11 Seerosen*

Liebe Dorothy, ich habe Kopien von unseren Briefen an meine liebe Cousine Evelyn geschickt, die in Florida lebt. Sie hat mir neulich Folgendes geschrieben:

»Ich habe deine und Dorothys Briefe mit Genuss gelesen. Wir hatten immer einen großen Garten. Weiße Kartoffeln, Süßkartoffeln, Spinat, Erbsen, grüne Bananen, Tomaten, Spargel, Kohlrabi, Wassermelonen, Erdbeeren. Außerdem hatte Mutter eine Unmenge Gladiolen – bestimmt waren es tausend. Jedes Jahr kamen neue dazu. Sie pflanzte alle zwei Wochen ungefähr hundert Zwiebeln, so dass wir Blüten über einen langen Zeitraum hatten. Wir hatten Pfingstrosen, Maiglöckchen, Rosen, Akelei – so viele Pflanzen, dass ich mich gar nicht an alle erinnern kann. Wir hatten auch ›Bodenkirschen‹, wie wir es nannten – so etwas Samenähnliches in einer kleinen Papiertüte mit sechs Seiten.«

Evelyns Eltern dürften ihren Garten in den Jahren zwischen 1910 und 1920 auf diese Weise bepflanzt haben. Wahrscheinlich sind seither zwei bis drei Generationen ins Land gegangen, die keine derartigen Gartenerfahrungen in ihrer Kindheit hatten.

Als ich kürzlich in einem Naturbuchladen war, meinte der Besitzer, dass viele von uns die Fühlung mit dem Land verloren hätten. Die Leute kommen in seinen Laden, um Gartenbücher zu kaufen, aber sie meinen, sie müssten sich erst eine »Grundausrüstung« zulegen, wie zum Beispiel einen Trainingsanzug für 200 Dollar, bevor sie in ihren Garten gehen. Er sagte, sie haben keine Ahnung, dass Gartenarbeit vor allen Dingen bedeutet, dass man sich bücken und schmutzig machen muss, dass man Erde zerkrümelt und die Natur beobachtet. Was er sagt, mag zum Teil richtig sein, aber allein die Tatsache, dass die Leute Gartenbücher kaufen, zeigt doch, dass etwas mächtig am Brodeln ist.

Deine Beschreibung der Wilden Möhre hat mich an ein Erlebnis erinnert, das ich damit hatte. Ich bin damals mit einer Freundin sammeln gegangen. Es war ein nebliger und schwüler Tag. Sie wählte sorgfältig die Köpfe aus, die ihr besonders schön erschienen – wenn sie ganz zusammengerollt sind, ähneln sie der Haartracht, die die Frauen um 1890 getragen haben: hochgesteckt, mit ein paar verirrten Kringellöckchen um den Hals. Weil das Wetter richtig schlecht wurde, machten wir schnell, sprangen in unseren Wagen und fuhren heim. Bis wir das Haus erreicht hatten, rollten sich ein paar von den kostbaren Exemplaren meiner Freundin allmählich auseinander. Zehn Minuten später hatten sie sich zu ziemlich platten »Spitzendeckchen« ausgebreitet.

Wilde Möhren haben nämlich einen eingebauten Schutzmechanismus. Jede noch so ausgetrocknete, leblose Pflanze wird, sobald es draufregnet, ihre Stängel hochziehen und sich gewissermaßen nach oben zuschnüren, um ihre Samen zu schützen – ähnlich wie ein Regenschirm, der verkehrt herum zugeklappt wird. Bei trockenem Wetter breiten die »toten« Samenköpfe ihre Stacheln aus, bereit, die kostbaren Samen fallen zu lassen. Naturmagie.

1931/32 zog meine Mutter, die ihre Kindheit in Kalifornien bei einer Pflegefamilie verbracht hatte, zu ihren Schwestern in Kansas und Missouri. Sie wollte ihnen auf den Erdbeerfeldern helfen, fand aber die Arbeit sehr hart. Sie erinnert sich, dass sie alle sorgfältig ihren Körper vor der Sonne verhüllten, nicht um sich vor Sonnenbrand zu schützen, sondern weil Sonnenbräune ein Zeichen war, dass man draußen auf den Feldern arbeitete – etwas, wofür man sich schämen musste. Lilienweiße Haut war ein Symbol für Reichtum und Kultiviertheit.

In der Zeit, in der ich aufwuchs, hatten die Leute schon aufgehört, ihre Nahrung selber anzubauen, auch wenn sie einen Garten hatten, den sie bepflanzen konnten. Heute kann ich Essen nur in symbolischen Mengen anbauen, also suche ich mir Orte, wo ich frische Gartenprodukte aus der Gegend hier kaufen kann. Der Flohmarkt, der jeden Sonntagmorgen in der Cobble Hill Hall abgehalten wird, ist so ein Ort. Dort habe ich Beatrice kennen gelernt, eine Frau um die achtzig, die von einer Pionierfamilie aus dieser Gegend abstammt. Sie baut ungeheure Mengen Gemüse auf ihrem kleinen Grundstück an, so viel, dass sie jeden Sonntag riesige, knackige Salatköpfe für fünfundzwanzig Cent pro Stück verkaufen kann. Sie verfügt über einen reichen Schatz an praktischem Wissen. Nur, wie zapfe ich dieses Wissen an? Sie hat keine Lust, auf meine »dummen« Fragen zu antworten, aber ich bekomme ein paar interessante Pflanzen von ihr.

Die Bienen sehen phantastisch aus. In dem kalten, kalten Regen, den wir in den letzten paar Tagen hatten, sind sie ihrer Arbeit nachgegangen, und es scheint ihnen nicht geschadet zu haben.

Alles Liebe, Carol

19. AUGUST

Liebe Carol, so ein merkwürdiger August: dichter, strömender Regen und niedriger Himmel. Es ist noch zu früh für Herbstwetter, und doch liegt Herbst in der Luft. Der späte Spinat, den ich gerade gepflanzt habe, ist gut

dran. Die großen, krautigen Tomatenpflanzen tragen Tomaten von einem unbeirrbaren Grün.

Ich denke an frühere Jahre zurück, als ich jeden Tag mit Einkochen und Einfrieren beschäftigt war und der blaue Email-Kochkessel das Haus volldampfte, als Ohrwürmer aus den Pfirsichkernen krochen, in der Hoffnung, sie könnten sich ins Mehl einschleichen, als ich in den Laden rannte, um noch mehr Plastiktüten, noch mehr Deckel für die Einweckgläser zu holen. Haben wir das Essen aufgegeben? Oder nur die Gedanken ans Essen? Während ich jeden Tag Stunden am Computer sitze und über traditionelles Papier in Indien und Nepal schreibe, habe ich das Gefühl, dass ich diesen Sommer eine andere Art von Konservierung betreibe – indem ich gegen eine Welt anschreibe, die sich so schnell verändert, dass man das Gefühl hat, im Treibsand zu versinken. Zwischendurch mache ich Pausen, um viel zu dicke Zucchini zu pflücken, um die Zinnien zu bewundern, die in einem irren Schwall gewachsen sind, und um Brombeeren in der Einfahrt zu essen. Vor ein paar Tagen hatte ich vor, richtig pflücken zu gehen – für Marmelade oder Essig –, aber dieser plötzliche Energieschub ist verflogen, und jetzt »grase« ich wieder.

Ich habe darüber nachgedacht, wie sich alles so entwickelt. Als wir diese Farm vor zwanzig Jahren gekauft haben, stand ein junger, großblättriger Königsahorn hinter den Schuppen, und dahinter ein Plastik-Gewächshaus. Ich habe ein oder zwei Jahre versucht, Kohlsorten in dem Gewächshaus anzubauen, aber das Licht war dürftig, vielleicht weil der Ahorn beinahe so hoch geworden war wie die Schuppen. Nach ungefähr einem weiteren Jahr wurde das Plastik brüchig, und überall flogen Splitter herum. Wir rissen das Gewächshaus ab und schleiften die fauligen Stämme an seinem Fundament weg. Der ganze Bereich sah ziemlich traurig und heruntergekommen aus.

In der Nähe des Ahorns steht ein großer, runder Felsblock, der wie ein Dinosaurierei von einem zurückweichenden Gletscher fallen gelassen wurde. Er war mit Brombeeren überwuchert, und nachdem sie mich jahrelang genervt hatten, riss ich sie schließlich aus. Dann konnte ich den wunderbaren grauen Grus des Felsens und die Sukkulenten sehen, die sich in all den Jahren in seinen Ritzen angesiedelt hatten. Ich pflanzte einen rotblättrigen Japanischen Ahorn über dem Felsen, und später versetzte ich eine selbst ausgesäte japanische Aprikose und einen violetten Perückenbaum dort hinten hin. Der kleine Flecken entwickelte sich zu einem schattigen, violetten Wäldchen, einem Ort, der kühl und autark ist. Diesen Sommer habe ich einen weiteren Japanischen Ahorn dazugefügt, einen, den wir von einem Freund eingetauscht haben, der dafür sein Pferd bei uns auf die Weide stellen durfte. Dieser neue Ahorn hat buschige grüne Blätter mit roten Einsprengseln darin. Von seinem Standort hinter dem Felsen kann er sich herüberstrecken und mit dem kleinen roten Ahorn tuscheln, beschützt von dem alles überragenden heimischen Ahorn, der in den zweiundzwanzig Jahren einen massiven, fleckigen Stamm entwickelt hat und zweimal so hoch wie die Schuppen ist.

Ich hatte nie einen richtigen Plan für den Bereich – nur eine Vision von Lila, und die Erkenntnis, dass es hier sehr schattig werden würde. Ich bin keine große Gartengestalterin, weil Pflanzen mich immer überraschen. Ich mag es, wenn sie nach ihrer Weise wachsen, ohne sich mir zu beugen. Sie werden unbeirrt hervortreten, egal, welche fehlgeleiteten Pläne ich für sie habe, oder still verschwinden, wenn ich sie missverstanden habe.

Vor vielen Jahren wollte ich Gärten, die andere Leute bewundern würden. Jetzt sehe ich Gärten als Glücksmomente, als Pforten, die mir helfen, den Augenblick bewusster wahrzunehmen. Letzten Sommer habe ich mir einen abgeschirmten kleinen Sitzplatz gemacht, indem ich einen Stuhl an eine Ecke des Hauses gestellt habe, wo mehrere Sorten Thymian zwischen den Steinplatten hervorkriechen. Es ist direkt draußen vor dem Fenster, an dem ich schreibe, der ideale Ort für eine Pause, aber ich muss zur Hintertür rausgehen und ums Haus herum, um dorthin zu kommen. Wenn ich mir also etwas zu essen rausnehmen will, setze ich mich meistens einfach in die sonnige Tür des Werkzeugschuppens gegenüber der Küchentür. Mit dem Feigenbaum, der auf einer Seite wächst (mit winzigen Feigen dran, die selten reif werden), und dem jungen Heiligenkraut-Strauch auf der anderen Seite ist es kein schlechter Platz, aber natürlich nicht zeitschriftenreif.

Vor Wochen habe ich über meinen Wilden Rittersporn draußen vor dem Fenster geschrieben. Es sind nur noch drei Blüten übrig. Der ganze Rest hat Samen gebildet. In ein paar Tagen, wenn sie noch ein bisschen mehr ausgetrocknet sind, werde ich sie herumverstreuen, wo sie sich wohl fühlen könnten. Hinter ihnen färben sich jetzt die Äpfel rot. Diese besondere Art schmeckt besser nach dem ersten Frost, also haben sie noch einen langen Weg vor sich, aber sie signalisieren mir, dass die Zeit sich wendet. Bittersüß, dieses Sommerende. Ich hoffe auf stille, goldene Tage im September, vielleicht meiner liebsten Jahreszeit.

Wie geht es den Bienen in all dem Regen?

Liebe Grüße, Dorothy

21. AUGUST *4 Seerosen*

Liebe Dorothy, es ist 5.45 Uhr, und die Sonne ist noch nicht aufgegangen, aber die Wolken im Osten sind rosa und grau. So früh am Morgen herrscht jenes besondere Licht, das den Garten verzaubert. Ich bin ganz leise auf die Veranda geschlichen und habe auf den gepflasterten Hof und den Blumengarten hinuntergeschaut, auf die Glyzinien-Laube dahinter und bis zur Obstwiese hinaus. Meine Brust war wie zugeschnürt von all der Schönheit. Ich ertappe mich dabei, dass ich in Panik gerate, weil die Saison zu Ende geht. Der »Körperfresser«-Kürbis macht seinem Namen alle Ehre; wenn man die riesigen Blätter wegzieht, pulsieren sie regelrecht vor Leben. So viel Wachstum von einer einzigen versprengten kleinen Pflanze!

Ich habe die erste voll ausgereifte Kosmeen-Samenkapsel aufgelesen. Sie durchlaufen den Zyklus von Samen zu Samen in weniger als vier Monaten.

Der große, verwilderte Apfelbaum unten in der Obstwiese ist schon reif. Ich hasse das: Reife Äpfel geben mir das Gefühl, dass der Sommer schon vorüber ist. Aber wir treten überall auf Falläpfel und rutschen darauf aus, und sie ziehen die Wespen an, also muss ich zugeben, dass es Zeit ist, sie zu pflücken. Ich dachte, ich würde dieses Jahr endlich wieder meinen Dörrapparat vom oberen Regal in Rons Werkstatt herunterholen, aber ich weiß, dass er oben bleiben wird, weil ich keine Energie habe. In der ersten Zeit hier habe ich meine Apfelbutter selber gemacht, nur mit Ananassaft-Konzentrat gesüßt. Die ersten Jahre habe ich so viel gemacht, dass ich eine Menge weggeben konnte, und trotzdem hat sich Ron beschwert, weil kaum noch Platz im Kühlschrank war. Diese Art von Energie habe ich jetzt nicht mehr.

Ich habe über die Arbeit im Garten, über Naturbeobachtung und die Nähe zur Erde nachgedacht und mich daran erinnert, was der Buchhändler über die Hobby-Gärtner sagte. Es mag sein, dass die Nordamerikaner sich der Erde und der Natur entfremdet haben, aber das ist nur vorübergehend. Man findet heute eine neue Ehrfurcht vor der Erde, nicht nur hier, sondern bei Menschen auf der ganzen Welt. Das Ermutigende daran ist, dass diese veränderte Einstellung in potenziertem Maßstab um sich greift.

In der ersten Zeit, als ich nach Kanada gekommen bin und auf Saltspring Island gelebt habe, war es für die Einheimischen ganz normal, ihren Müll mit auf die Fähre nach Vancouver Island zu bringen und dann, mitten auf dem Kanal, aus ihren Autos auszusteigen, den Kofferraum aufzumachen und die Mülltüten über Bord zu werfen – ohne schlechtes Gewissen oder negative Konsequenzen. Heute wäre das undenkbar. Alle, die ich kenne, sind allmählich zum Kompostieren und Recyceln übergegangen und verzichten freiwillig darauf, Sachen im Freien zu verbrennen. Wir werden alle sehr, sehr umweltbewusst, wie Blinde, die plötzlich sehend geworden sind.

Im Fernsehen kommt viel über Gartenbau, Naturbeobachtung, Artenschutz, Erhaltung der Wildnis und der Ressourcen unseres Planeten. Es

gibt Berichte zur weltweiten Umweltverschmutzung und über phantastische Sanierungsprojekte, angefangen von skandinavischen Industriezweigen, die ihre Abfälle untereinander verwerten, bis hin zu Komposttoiletten in Entwicklungsländern. Menschen aus den unterschiedlichsten Bereichen arbeiten seit Jahren daran, die Probleme der Welt zu lösen, ohne die Natur aus dem Gleichgewicht zu bringen. Solche Nachrichten stehen nie in den Schlagzeilen. Für mich ist es offensichtlich, dass immer mehr Leute ihre Erde sauber, schön und gesund haben wollen. Ob es genügend Leute gibt, die sich schnell genug dafür verantwortlich fühlen, ist eine andere Frage.

Kathy war gestern bei uns. Ich konnte es mir nicht verkneifen und zeigte ihr stolz die diesjährigen »Zufallskürbisse«. Es ist die größte einzelne Kürbispflanze, die ich je gesehen habe. Leider nimmt sie zu viel von Rons Rasen in Beschlag. Er kriegt immer ein ganz verkniffenes Gesicht, wenn ich weiter Heu unter die vielen reifenden Köpfe lege. Die Pflanze hat sich vom Blumengarten bis zu dem Apfelbaum an der Straße ausgebreitet.

Kathy und ich haben Stöcke genommen und damit die Blätter weggeschoben, um die Kürbisköpfe zu zählen. Kathy meinte, es seien zwanzig. Ich zwölf. Sicher, es sind noch mehr da, aber der Sommer müsste noch sehr lange dauern, damit sie groß werden. Kathy sieht zwanzig, weil es meine Kürbisse sind; in ihrem eigenen Garten würde sie zwölf sehen. Wir neigen dazu, in anderer Leute Gärten das zu sehen, was wir selber nicht haben.

Kathy sagte: »Ich verstehe das nicht. Du musst einen wunderbaren Boden haben.« Ihr Garten liegt auf Flussbetterde. Ich habe vor sechs Jahren angefangen, auf einer zehn Zentimeter dicken Schicht angereicherten Lehms, einer dickeren Schicht von nicht angereichertem Lehm und einer Schicht harter Erde. Zwei Meter weiter unten ist Muttergestein. Also habe ich zu ihr gesagt: »Na ja, Kathy, du weißt ja, wie ich arbeite. Ich gleiche sorgfältig den pH-Wert der Erde aus, füge genau die richtige Menge Dünger hinzu und achte darauf, dass die Nitrogen-Phosphor-Pottasche-

Werte für Kürbisse optimal sind.« Sie hat sich halb totgelacht. Sie kennt mich viel zu gut. In meiner Töpferwerkstatt – das ist schon Jahre her – habe ich Glasuren gemacht. Ich hatte die chemische Zusammensetzung und Beschreibung von Glasuren studiert, aber ich stellte fest, dass Lernen durch praktische Erfahrung viel mehr nach meinem Geschmack war. Die Ergebnisse waren phantastisch. Ebenso habe ich Gartenbücher studiert, mir sogar überlegt, ob ich Magnesium auf meinen Flieder (Ruth) tun sollte, der ganz gelbe Blätter hat. Ich überlege immer noch. Vielleicht hat der Flieder meine guten Absichten gespürt, denn er ist aufgelebt, sah auf einmal prächtig aus und hat dieses Jahr wie verrückt geblüht. Oder vielleicht war es nur die Zeit, Mutter Natur, der Kuhdung, Kompost und Heu?

Die Bienen sind wohlauf, und ich habe viele gute Fotos von ihnen. Heute leihen wir uns eine Videokamera aus, um den Garten, den Teich und die Bienen zu filmen. Wir wollen das künftig einmal im Jahr tun.

Alles Liebe, Carol

CAROLS TAGEBUCH

Ich hatte eine sehr schlimme Erfahrung, als ich letzte Woche im Krankenhaus mein intravenöses Magnesium bekommen habe. Es hat mir beängstigende Hitzewallungen eingetragen und Erstickungsgefühle in der Kehle, was wiederum einen Adrenalin-Andrang bewirkte. Die Schwester hat mich angeschrien, ich solle beschreiben, was mit mir vorgehe, aber ich konnte nicht sprechen. Mein Blutdruck ging hoch (normalerweise befürchtet man bei Magnesium, dass der Blutdruck sinkt), und schließlich haben sie mich in eine kalte Ecke gebracht, wo ein kleines Fenster offen stand, und ich habe meine Bluse angefeuchtet, um schneller abzukühlen. Ich war so aufgeregt, dass ich drauf und dran war, die Behandlung abzubrechen, aber ich hielt dann doch durch, weil ich wusste, ich würde das nächste Mal schreckliche Angst haben, hinzugehen. In jener Nacht haben Ron und ich gar nicht erst den Versuch gemacht, vor zwei Uhr morgens einzuschlafen, und dann war mein Schlaf sehr unruhig, und ich bin immer wieder hochgeschreckt.

Ich habe das Magnesium nicht gut vertragen, aber in letzter Zeit habe ich mehr Energie, oder vielleicht sollte ich sagen, mehr Kraft. Trotzdem werde ich immer noch so schnell müde, dass ich überhaupt nicht alleine weggehen kann. Wenn mich die Erschöpfung überkommt, muss ich mich sofort hinlegen.

Die erste i.-v.-Behandlung war unangenehm genug, aber die zweite war sogar noch schlimmer. Ich musste nach Hause gehen, ohne dass ich die Infusion bekommen hätte. Die Schwester, die versucht hat, die Nadel hineinzubekommen, hat zweimal danebengestochen, einmal hat sie mich ins Handgelenk gespritzt, was eine Blut- und Flüssigkeitsschwellung verursachte. Sie hat mir das Handgelenk verbunden und es mit einer Vene in meiner anderen Hand versucht, aber dort brachte sie die Nadel auch nicht hinein. Schließlich rief sie eine andere Schwester, aber da war ich schon über eine Stunde da, und ich konnte mir nicht vorstellen, dass ich weitere zwei Stunden aushalten würde, falls die andere Schwester die richtige Stelle finden sollte. Ich gab auf und ging hinaus und versuchte die Spannung abzureagieren, indem ich hin und her lief, bis Ron mich abholte.

Ich weiß nicht, warum es immer schwieriger wird, eine »saubere« i.-v.-Behandlung bei mir zu machen. Aber wie auch immer, ich habe beschlossen, die Prozedur nur alle neun statt sieben Tage über mich ergehen zu lassen.

Ich muss mich auf den Garten konzentrieren, umso mehr, als ich zum ersten Mal, seit ich denken kann, Angst vor dem Winter habe. Ich kann es nicht ertragen, dass all diese Schönheit vergehen soll.

28. AUGUST

Liebe Carol, wir hatten hier dieses Jahr den Sommer der Besucher, alle aus dem Osten. Die meisten haben nicht viel Zeit in Gärten verbracht. Sie entdeckten mit Staunen, wie der Spargel wächst, wie eine richtige Erdbeere schmeckt, dass reife Pfirsiche am Baum wie angesprüht aussehen. Sie haben die irrige Vorstellung, wer auf dem Land lebt, müsste immer zufrieden und in Harmonie mit sich selber sein. Darauf ich: »Jedenfalls weiß man, woher der Lärm kommt, wenn man auf dem Land lebt und es ist immer noch laut im Kopf.« In meinem Kopf ist es sehr laut in den letzten Tagen.

Fest steht für mich, dass man seine Konflikte im Garten genauso gut abarbeiten kann wie an jedem anderen Ort. In der Anfangszeit habe ich mich im Garten unsicher und überfordert gefühlt. Rudy hat vorher schon ein bisschen gegärtnert, und irgendwie meinte er, ich müsste instinktiv wissen, was ich tun sollte. Aber ich wusste es nicht. Wir waren mit der Vorstellung aufs Land gezogen, dass wir »von der Erde leben würden«, wie wir damals sagten. Er hatte sogar ein Gewehr, obwohl ich mich frage, was er eigentlich schießen wollte. Später hat er es verkauft, als er fähig war zuzugeben, dass es ihm Angst machte. Mir dagegen machte das Gemüse ein bisschen Angst, aber mit der Zeit gewöhnte ich mich daran. Ich erinnere mich nur zu gut an jene ersten Gärten, als ich noch nicht wusste, dass man Erbsen in rauhen Mengen anpflanzen muss, um genug zu essen zu bekommen. Ich erntete sechs Schoten und behandelte sie wie Gold.

Schließlich kauften wir die Farm hier. Sie hatte einen großen Gemüsegarten, und nach und nach dehnten wir ihn noch weiter aus. Ich verbrachte immer mehr Zeit damit, Sachen anzubauen, die ich für ein Muss hielt, und ich kochte so viel ein, dass wir es nie aufessen konnten. Irgendwann streikte ich. Ich hatte genug davon, dauernd zu beweisen, dass ich eine gute Farmerin war. Ich versuchte nicht länger, meine städtische Herkunft zu verleugnen und Dinge unter einen Hut zu bringen, die einfach unvereinbar waren: Mutter sein, in meinem Atelier arbeiten, lesen, bis mir die Augen aus dem Kopf fielen, den Garten versorgen und einfrieren und einkochen. Von da an wurde es leichter. Etwa zur selben Zeit hat Rudy mir eine schöne englische Gießkanne zum Geburtstag geschenkt. Ich benütze sie immer noch, aber damals hätte ich sie ihm beinahe ins Gesicht geworfen. Ich wollte ein Zeichen, dass es mehr in meinem Leben gibt als den lästigen Garten.

Ich war nicht die einzige, die damals ein bisschen verrückt war. Wir hatten zu jener Zeit eine Milchkuh. Rudy fütterte ihr riesige Mengen Getreide, so dass sie abartig viel Milch gab, die wir kaum verkaufen konnten, und eine chronische Euterentzündung hatte. Irgendwann sagte ich: »Halt!«

Diese Kämpfe sind lange her. Heute habe ich das Gefühl, dass meine Beziehung zum Garten eher einem Ebbe-und-Flut-Rhythmus folgt. Es gab Sommer, in denen ich fast nichts gemacht habe, gefolgt von Sommern, in denen ich Weizen fürs Brotbacken anbaute und fünf oder sechs verschiedene Trockenbohnensorten pflanzte. Wir sind zu spät zurückgekommen, um dieses Jahr noch welche anzupflanzen, und sie fehlen mir. Bohnen enthülsen ist wie Edelsteine sammeln. Es sind so wunderbare Energiedepots, mit ihrer kompakten Rundheit, ihrem Glanz und ihrer Maserung. Die Schoten sind auch wunderbar. Wenn der fleischige Teil vertrocknet, werden sie zu raschelnden Hüllen. Am liebsten mag ich die Sorte, die außen matt blauschwarz ist und innen kuschelige Nester hat, für jeden Bohnenkern eines, wie verblichene Seide.

Diesen Sommer habe ich – in den Briefen an dich – mindestens ebenso viel auf dem Papier gegärtnert wie draußen im richtigen Garten. Es kommt, wie es kommt. Über Schuldgefühle bin ich hinaus, jedenfalls die meiste Zeit. Eine Methode, zur Ruhe zu kommen, bestand darin, dass ich pflanzte, was ich gerne anschaue und gerne esse. Im Gemüsegarten bedeutet das Radicchio statt Karotten. Wir sind hier mit dem Karottenrost geschlagen. Außerdem sind Karotten billig und immer auf dem Bauernmarkt erhältlich. Den Radicchio, eine italienische Endiviensorte, kriegt man nicht so leicht. Nach dem ersten Frost färben sich die Blätter rubinrot, bei manchen Arten sind sie weiß, bei anderen violettgrün-marmoriert. Im November fange ich an, die Köpfe abzuschneiden, und bis Januar oder Februar wachsen winzige neue Köpfe nach, die den ganzen Winter frische Salatblätter liefern. Sie haben einen starken Eigengeschmack, der wunderbar mit Olivenöl und ein paar gerösteten Pinienkernen harmoniert. Wir haben ein paradoxes Klima hier: Feldsalat, Endivie, Mizuna und verschiedene Senfraukensorten im Winter, aber wenig reife Tomaten im Sommer.

Ich liebe den Garten zu dieser Jahreszeit, wenn die Sonne meinen Rücken wärmt, und zwar sanft. In der kalten, nackten Erde knien und die ersten Erbsen im Vorfrühling anpflanzen ist keine große Freude für mich. Die Erde streckt sich vor mir aus, ist bereit; ich lege die Samen hinein, aber die Vision von hoch gerankten Erbsenpflanzen, schwer mit Hülsen beladen, ist dünn. Dann laufen die Katzen über die frisch angepflanzten Beete, die Hühner geraten hinein, wenn jemand das Tor offen lässt, das Wetter wird schlecht, und nichts kommt herauf. Ich mag die jetzige Jahreszeit lieber, wenn alles blüht und grünt und über seine Grenzen hinausquillt.

Diesen Sommer haben wir Walnüsse auf drei Bäumen, zwei davon tragen zum ersten Mal, der eine ist ein kümmerliches kleines Ding. Diese sauberen, glänzenden Walnüsse, die paarweise am Baum hängen, sehen wie die Eier von jungen Katern aus. Vor Jahren, als wir die Walnussbaum-Gruppe gepflanzt haben, war das wie ein Pakt mit dem Land, ein Versprechen, Dinge zu pflanzen, die Jahre brauchten, bis sie Früchte tragen würden. Ich wusste nicht, ob wir lang genug hier sein würden, um Nüsse auf den Bäumen zu sehen, aber nun ist es so.

Die Diademhäher sind wieder da. Gestern habe ich einen in einem Haselnuss-Strauch sitzen sehen; er hämmerte mit seinem Schnabel auf einer Nuss herum, und die grüne Nuss bildete einen wunderbaren Kontrast zu den saphirblauen Federn des Hähers. Das war das Signal, auf das ich gewartet habe. Ich weiß aus Erfahrung: Wenn man nicht schleunigst handelt, sobald man den ersten Häher sieht, sind alle Nüsse weg. Die Haselnüsse sind wunderbar, ganz von Hüllen umgeben, wie blassgrüne, gekräuselte Spitzenröckchen. Sie hinterlassen etwas Duftendes, Klebriges auf meinen Händen. Ich pflücke alles, was ich vom Boden aus erreichen kann, den Rest lasse ich den Hähern – so eine Art Fruchtzehnt für die Wildtiere, etwas, was ich vor über zwanzig Jahren von einem Farmer gelernt habe. Ich lasse die Nüsse liegen, bis die Hüllen austrocknen, dann färben sich die Schalen sattbraun, und im Dezember sind sie reif für den Verzehr.

Das Schreiben tut mir gut – es hat den Lärm in meinem Kopf ein bisschen gemildert. Die Samen des wilden Rittersporns draußen vor dem Fenster sehen aus, als ob sie sich bald ausstreuen würden.

Alles Liebe, Dorothy

3. SEPTEMBER *4 Seerosen*

Liebe Dorothy, ich war sehr angetan von deinem letzten Brief und habe mich oft dabei ertappt, dass ich heftig mit dem Kopf nickte. Du hast mich dazu animiert, es wieder einmal mit ein paar Wintersalaten zu versuchen. Könnte ich ein paar Samen von deinem Radicchio haben? Bevor ich krank wurde, habe ich mich das ganze Jahr über von meinem Garten und meinem Gewächshaus in Briarwood ernährt. Hier habe ich noch keine Wintergemüse angebaut, außer dass ich im ersten Jahr Feldsalatsamen ausgestreut habe, aber sie sind nichts geworden. Ron mäht zu oft. In Briarwood ist Feldsalat nur spärlich auf einem erhöhten Beet gewachsen, hat sich aber am Weg entlang ausgebreitet, als ob ihm Bequemlichkeit und Pflege unangenehm seien. Also habe ich die Samen überall verstreut, und er ist mühelos an den unwahrscheinlichsten Stellen zum Vorschein gekommen.

Sherry, eine Freundin von mir, möchte ein paar Anregungen, wie sie den Garten von ihrem neuen Anwesen gestalten und bepflanzen soll. Ich kann es kaum erwarten, ihr Land zu sehen, weil es fruchtbarer Boden für meine Phantasie ist: neues Land, mit dem man experimentieren kann. Erste Erfolge sind so wichtig für jemanden, der Essbares anbauen will, also habe ich ihr gesagt, sie soll Kürbisse pflanzen. Die Samen sind riesig, die Triebe sind riesig, und sie bilden Unmengen von schönen, üppigen Blättern. Jede einzelne Pflanze bringt ein so reiches Wachstum hervor, dass einem das Herz lacht. Unter den Blättern warten die Überraschungen. Den ganzen Winter über backen wir Kürbis zum Mittagessen, füllen ihn mit Zwiebeln, grüner und roter Paprika, Basilikum und Käse. Im Augenblick brenne ich darauf, eine Liste von »einfachen Gemüsen« für Sherry zu machen, von der ich dir dann eine Kopie geben werde. Vielleicht möchtest du auch eine Liste für sie machen? (Nicht mehr als drei.)

Der liebste Teil bei der Gartenarbeit ist für mich, sofern ich fit genug bin, Unkraut jäten und die Erde mit meinen Händen durcharbeiten. Das sind Momente, in denen ich restlos glücklich sein kann. Nichts sonst wirkt auf mich so beruhigend und entspannend wie Unkraut jäten und Erde zerkrümeln. Glück, das ist für mich ein Paar Gummihandschuhe, ein Pflanzenheber, ein Kissen, ein warmer, aber nicht zu heißer Tag und genug Zeit und Energie, um die Gartenbeete in Angriff zu nehmen.

Was mich auch fasziniert, sind Straßeneinschnitte und die Erdschichten, die man an ihnen studieren kann: Mutterboden, Untergrund, Lehm, Kies. Als Sechs- oder Siebenjährige war es meine große Leidenschaft, Höhlen zu graben. Ich hatte nur einen Löffel, mit dem ich am Hang graben konnte, aber das hielt mich nicht auf. In einem späteren Sommer habe ich Lehm unter einer Weinlaube ausgegraben. Ich kann nicht sagen, woher ich wusste, was es war, aber ich entdeckte seine magischen Eigenschaften und machte Sachen aus Lehm, die in der Sonne trockneten. Wahrscheinlich ist mein Bedürfnis, Erde zu zerkrümeln, und meine Liebe zum Töpfern ein und dasselbe. Beide Tätigkeiten beruhigen mich und helfen, das Chaos in meinem Kopf zu entwirren.

Ich bin dabei, Birnenbutter von den Birnen zu machen, die wir von deinem Baum gepflückt haben. Nach dem Fiasko letztes Jahr, als wir so gern einheimische Birnen gehabt hätten und mit ansehen mussten, wie sie unbeachtet in den Gärten herunterfielen, war ich dieses Jahr richtig wild auf Birnen. Auf dem Heimweg habe ich noch viele andere kleine Stände an der Straße gesehen, wo die Leute ihre überschüssigen Blumen, Gemüse und Früchte verkaufen. Ich finde das wunderbar.

Alles Liebe, Carol

HERBST

22. SEPTEMBER

Liebe Carol, die Stangenbohnen, die ich so spät gepflanzt habe, tragen jetzt massenhaft Früchte. Die dicken grünen liegen träge auf den Blättern wie Eidechsen in der Sonne oder eine von Manets üppigen Damen beim Picknick »sur l'herbe«.

Ich habe mir eingebildet, ich sei dieses Jahr unerbittlich mit der selbst ausgesäten Kapuzinerkresse gewesen, aber sie hat sich durchgesetzt. Sie breitet sich überall aus, eine Fülle von Orange, Gelborange und Rotorange – ein Augenschmaus. Die Ranken purzeln herunter und recken und umschlingen sich. Im letzten Abendlicht schimmern sie gespenstisch, wenn alles andere in dämmrigem Dunkel versunken ist. Wir haben noch mehr unverhoffte Gaben in einem anderen Teil des Gartens: wild wachsende Zierkürbisse – die Clowns des Gartens, unbekümmert zweckfrei. Es gibt phantastische Exemplare mit exzentrischen Streifen und Warzen sowie zweifarbige – grünweiß, grüngelb, orangegrün. Ich habe fünf orangefarbene nebeneinander aufgereiht wie bei dem berühmten *Sumi-e*-Gemälde von den fünf Götterpflaumen.

Was du über deine Liebe zur Erde schreibst, erinnert mich daran, dass einer der Gründe, warum ich sage, ich sei keine richtige Gärtnerin, mein Problem mit der Erde ist. Zum Beispiel macht es mich ganz wild, wie sich meine Hände anfühlen, wenn Erde daran festtrocknet. Ich laufe mit abgespreizten Fingern herum und sehne mich nach einer Handcreme. Ich reagiere mehr auf das Aussehen des Bodens als darauf, wie er sich anfühlt. Als wir letztes Jahr durch Oklahoma fuhren, war ich hingerissen von dem terrakottafarbenen Boden, in dem Reihen von graugrünen Sämlingen aufsprossen – vollkommen komplementäre Farben. Und ich liebe auch die erdige Ockerfarbe der schlüpfrigen Flussufer um die Bay of Fundy herum, wo unablässig die Flut hereinspült.

Der schönste Teil der Gartenarbeit ist für mich, das Unkraut aus den Gemüsebeeten zu rupfen. Es befriedigt mich, den reinen Rhythmus jeder einzelnen Reihe in mich aufzunehmen, wenn das Unkraut weg ist. Jedes Gemüse hat seine eigene Melodie; jede Varietät ihre eigene Persönlichkeit. Der krause Endiviensalat ist rundherum stachlig, innen wie außen, der Kopfsalat ist weich und butterig, der Romanasalat steht aufrecht wie ein Soldat, der Spinat ist gelappt wie die Lungenwurzflechte, die in den Ahornbäumen hängt. Ich sehe die Gemüsereihen wie ein Teppichmuster. In den Zeiten, als ich gewebt habe, habe ich den Garten sehr ordentlich gehalten. Heute ist alles unregelmäßiger und zufälliger, so wie ich mit handgeschöpftem Papier arbeite. Das war mir gar nicht so bewusst, bis du mir von deinem Zugang zur Erde aus deiner Töpfer-Perspektive geschrieben hast.

Meine zweite Lieblingstätigkeit im Garten ist ernten – Tomaten, Zucchini und Gurken in Körbe häufen und rosa Kosmeen, leuchtende Zinnien und rosaweißen Ziertabak obendrauf legen. Ich bin der geborene Hamsterer – eine Eigenschaft, auf die ich nicht stolz bin –, aber die Fülle des Gartens macht es leicht, großzügig und verschwenderisch zu sein. Das allein ist schon ein Geschenk des Gartens.

Ich habe über deine Frage zu einfachem Gemüse nachgedacht. Als Erstes ist mir Kapuzinerkresse eingefallen, aber ist das ein Gemüse? Sie keimt leicht und ist so schön im Salat, besonders wenn man sie zusammen mit Schnittlauch und Borretschblüten darüberstreut. Und ich liebe den pfeffrigen Geschmack. Als nächstes denke ich an Kohlrabi, besonders die lila Sorte, weil mir die Farbe gefällt, allerdings glaube ich, dass die grünen schneller wachsen. Alle Kohlarten keimen leicht. Ich esse sehr gern rohen Kohlrabi in Sojasauce, Öl und Essig.

Kartoffeln sind wunderbar; in manchen Jahren haben wir gelbe, blaue, rosa und rotbraune Sorten angebaut. Kartoffeln ausgraben ist wie Ostereier suchen, und sie schmecken so viel besser, wenn sie frisch aus dem Garten kommen. Das wären also drei, aber ich bin mir nicht sicher, ob es eine vernünftige Auswahl ist.

Ich habe die Früchte in den Bäumen fotografiert und dabei festgestellt, dass jede Art ihr eigenes Farbschema hat. Der Cox-Orange-Apfelbaum hat rotbraune Blätter, die die warme Farbe der Äpfel widerspiegeln; die Blätter der Northern-Spy-Apfelbäume sind von einem sanften Graugrün, passend zu den gespenstisch rosaroten Früchten. Heute habe ich die Mispeln fotografiert. Es ist eine seltsame mittelalterliche Frucht, kleine runde Dinger mit vier stoßzahnähnlichen Sporen am Blütenende. Nach dem Pflücken muss man sie »molsch« werden lassen, also teigig-weich, wobei sie bereits ein bisschen zu faulen beginnen. Der Mispelbaum ist ein Augenschmaus. Bald werden seine Blätter sich leuchtend rot und orange färben.

Wie schön, dass ihr immer noch Seerosen habt! Es ist eine Jahreszeit, die einem ans Herz greift – goldene, reife, modernde, bienenumschwärmte Fülle, schmerzlich erhöht von dem Bewusstsein, dass im Hintergrund bereits die kahlen Zweige und verdorrten, gefrorenen Farne warten.

Alles Liebe, Dorothy

1. OKTOBER *Wieder kalt, 5 Grad*

Liebe Dorothy, was die drei pflegeleichten Gemüsesorten angeht, ist meine Wahl auf Kürbisse, Tomaten und Mangold gefallen. Ich weiß, es klingt verrückt, wenn man in diesem Klima für Tomaten votiert, aber ich habe bis jetzt noch in jedem Jahr Tomaten bekommen. Ich ernte mindestens ein paar reife (oder auch viele) an den Stauden, und den Rest hole ich grün herein und lasse sie im Haus vollends ausreifen, immer eine Handvoll auf einmal. Sie keimen so leicht, sie breiten sich aus wie verrückt, und du kannst jeden Trieb abschneiden und in die Erde stecken, und er wächst. Ich liebe solche anspruchslosen Pflanzen. Letzten Herbst ist ein Samenwunder mit dem Kompost und dem Haufen verfaulter Tomaten passiert. Trotz kalter Winterregen, Schnee, Frost und ständiger Feuchtigkeit fingen die Samen an zu keimen. (So viel zu den Anweisungen, wie man Samen richtig lagert.) Im Frühjahr schossen die Tomaten zu Hunderten in den Blumenkästen hoch, in den Gartenbeeten, überall, wo der Kompost verteilt wurde. Die Tomaten bekommen einen goldenen Stern von mir, schon allein für ihre Zähigkeit, ganz gleich, ob unsere Sommer heiß genug sind, um sie alle ausreifen zu lassen.

Ich weiß, dass der Mangold keine glänzende Rolle im Königreich der Gemüse spielt, aber er keimt in feuchtkalter Witterung und schmeckt ein bisschen wie Frühspinat. Wenn der Spinat schießt und ungenießbar wird, produziert der Mangold weiter große, dicke, saftige grünweiße Stängel. Mein Freund Heinz, ein großer Koch, kam eines Tages her, um »den Mangold für uns zu kochen«. Er hat nur die grünen, blättrigen Teile abgeschnitten und die saftigen Stängel weggeworfen. Dann hat er die Blätter verkochen lassen und mit Butter und Gewürzen püriert. Es hat köstlich geschmeckt. Als ich ihm sagte, dass die Stängel auch sehr schmackhaft sind, war er völlig perplex. Sein Gesicht verzerrte sich vor Entsetzen. »Was? Die esst ihr? Das haben wir zu Hause nie gemacht.« (Zu Hause, das ist im Vor- und Nachkriegs-Deutschland.)

Ich habe einen Brief an meine Tante in Missouri geschrieben, in der Hoffnung, als Antwort interessante Garten- und Landbau-Informationen aus ihr herauslocken zu können. Früher habe ich mich immer auf dem Boden gewälzt vor Lachen, wenn sie Geschichten über die Farm erzählte. Auf jeden Fall dachte ich mir, dass du bestimmt deinen Spaß an ihrer Antwort auf meine ausführlichen Fragen zu ihren Garten- und Farm-Erfahrungen im Ozark-Plateau von den späten Zwanzigerjahren bis in die Vierzigerjahre haben würdest: »Du musst den Boden gut auflockern, Sämlinge oder Pflanzen einsetzen, sie unterharken, wenn nötig, und das Unkraut in Schach halten. Homer und ich haben für alles, was wir angebaut haben, Dünger benützt.«

Staatsgeheimnisse wären bei ihr gut aufgehoben gewesen. Mit der Farmarbeit hat sie angefangen, als sie und ihre jüngere Schwester in den frühen Zwanzigerjahren aus dem Waisenhaus zu ihrem Onkel auf dessen bitterarmen Hof in Missouri entlassen wurden. Von den beiden Schwestern wurde erwartet, dass sie vier Morgen Rebland und fünf Morgen Erdbeerfelder harkten und jäteten. Anscheinend hat die ganze Gegend sich darüber aufgehalten, wie gnadenlos der Onkel die beiden schuften ließ. Ihr Kommentar dazu war: »Nun ja, wie du siehst, hat es uns nicht geschadet. Wir sind vierundachtzig und fünfundachtzig und immer noch auf den Beinen.«

Gestern Abend sind zwei von Rons Söhnen vorbeigekommen. Ich habe sie in mein kleines Studio geschickt, den einzigen Ort, wo ich meinen riesigen »Körperfresser«-Kürbis lagern konnte. Der erste, der drin war, sagte: »He – was ist das denn? Das sieht ja aus wie die Horrordinger aus *Cocoon*. Was willst du denn damit anfangen?« (*Die Körperfresser kommen* sagt ihm nichts – dazu ist er zu jung!) Als ich andeutete, dass er uns den Winter über als Nahrung dienen soll, hat er gemeint, wir sollten ihn doch nach Bosnien schicken. Ich schätze, das ist die moderne Version der »armen, hungernden Kinder in Indien«. Keiner dieser beiden Jungen ist in einer Familie mit Gartentradition aufgewachsen. Und jeder von ihnen sieht seine Umgebung mit so ganz anderen Augen. Der eine ist sehr beeindruckt von unseren Gärten und Wäldern und läuft mit lautstark geäußerter Begeisterung herum. In dem Jungen schlummert ein verkannter Gärtner. Sehen und staunen ist das erste Stadium.

CAROLS GEFÜLLTER KÜRBIS FÜR ANFÄNGER

Den Kürbis in ofengerechte Stücke schneiden.

Die Kerne ausschaben und jede Samenvertiefung mit etwas Butter ausreiben.

Mit Carols Füllung bestreichen.

Bei 180 °C in einer Backform im Wasserbad in den Ofen stellen und anfangs leicht mit Alufolie abdecken.

Wenn der Kürbis gar ist (mit einer Gabel einstechen!), leicht mit Magermilchkäse bestreuen und schmelzen lassen.

FÜLLUNG

Zwiebeln in dünne Scheiben schneiden und in der Mikrowelle vorgaren.

Rote und grüne Paprika würfeln.

Mit viel gehacktem Basilikum vermengen und in die Samenvertiefungen füllen.

Ich bereite viele Kürbisportionen auf einmal zu, friere die Reste ein und wärme sie zum Mittagessen in der Mikrowelle auf. Die Füllung für den Kürbis ist unterschiedlich, je nachdem, was ich gerade zur Hand habe.

In diesem langen, nicht enden wollenden Sommer habe ich den Garten und die Vögel sehr intensiv beobachtet. Ich habe in aller Stille die kleinen Goldfinken in den Kosmeen-Beeten ausspioniert. Sie schießen so blitzschnell auf und ab, dass es aussieht, als ob die Kosmeen sich im Wind bewegen. Die klingenden Geräusche und die schönen, fragenden Rufe hören sich fröhlich und glücklich an. Ich weiß, dass sie irgendetwas in den Kosmeen fressen, und nehme an, dass es die Samen sind. Sie stehen in prekärem Gleichgewicht auf den Blüten und bewegen sich wie auf einem Rollschlitten mit den schwankenden Stielen. Gestern war ich zur rechten

Zeit am rechten Ort und habe mich auf einen Vogel und eine Blüte konzentriert. Als er weggeflogen war, habe ich die Blüte untersucht und festgestellt, dass er tatsächlich die Samen gefressen hatte, die noch in ihrem unreifen Stadium, mit goldenen Staubfäden, waren. Unwillkürlich stellte ich eine Verbindung zwischen dem Gold des Goldfinken und dem Gold des Blütenstaubs her. Es ist erst das zweite Jahr, dass ich Kosmeen gepflanzt habe. Ohne sie hätte ich die Goldfinken nie in Aktion gesehen. In den ganzen sechsundfünfzig Jahren, die ich auf dieser Erde bin, haben sie da draußen ihr geheimnisvolles Leben geführt, hüpfend und zwitschernd, Generation um Generation, bis ich sie endlich wahrgenommen habe.

1967 habe ich mich auf Saltspring Island für einen Kurs eingeschrieben, der sich »Essen von der Natur« nannte und von Ingrid Temmel geleitet wurde, die mit ihrem Mann, einem Künstler, aus Deutschland eingewandert ist. Sie waren in den Wirren des Krieges stecken geblieben, er in einem russischen Kriegsgefangenenlager, sie in Deutschland. Wegen der verlorenen Jahre – sie waren damals in den Zwanzigern – haben sie erst spät eine Familie gegründet: fünf Kinder, von denen das letzte geboren wurde, als Ingrid schon dreiundvierzig war. Ingrid hatte Botanik studiert und war wirklich brillant. Sie führte unsere kleine Gruppe durch die Wälder, und wir aßen wilde Pflanzen. So hat sie gelebt und ihre Kinder großgezogen. Sie haben Ziegen gemolken und dunkles Roggenbrot gemacht. Die Frau war unglaublich praktisch und bodenständig. Die enge Freundschaft, die sich zwischen uns entwickelte, endete zwei Jahre später abrupt, weil Ingrid bei einem schrecklichen Autounfall ums Leben kam. Ich trauere ihr immer noch nach und bereue es, dass ich mit dem »Essen von der Natur« nicht weitergemacht habe.

Sie ist jetzt seit über fünfundzwanzig Jahren tot, und ich spüre ihren Einfluss, ihre Gegenwart fast noch mehr, je älter ich werde. Dein erster Brief im Juni hat mich wieder an sie erinnert. Für mich ist sie jene Gestalt

aus deinen Wunschträumen, die in ihrer kleinen Hütte über dem Schilfmoor sitzt und zusieht, wie die Amseln auf den Teichkolben landen.

Die Bienen ändern jetzt ihre Formation, zeigen mehr von ihren vier wunderschönen Waben. Die wogende Unterseite der Waben leuchtet in einem rosa-korallenrot-goldenen Ton. Die Bienen scheinen sich flach zwischen die Waben zu drücken. Es gibt nur drei Einkerbungen, in die sie hineinpassen, und nicht alle schaffen es bis dorthin. Hin und wieder torkelt eine allein auf der noch ungefüllten Wabe herum, dann kehrt sie zu dem Klumpen zurück, den der Schwarm bildet. Es ist so kalt und regnerisch heute Morgen. Wir machen jeden Morgen unseren Gang, um nach den Bienen zu sehen, aber in diesen Tagen mit größerer Besorgnis.

Alles Liebe, Carol

CAROLS TAGEBUCH

Ich werde diesen Monat siebenundfünfzig. Ein normales Leben habe ich nicht mehr geführt, seit ich sechsundvierzig bin. Damals war mein Leben mit Arbeit, Menschen, Töpfern, Pflanzen und Tieren gefüllt. Jetzt gelte ich als ältere Frau, aber in meinem Kopf bin ich immer noch in den Vierzigern, weil es mir vorkommt, als hätte ich im Fegefeuer gelebt und immer nur gewartet. An den Tests im John-Hopkins-Institut dürfen nur Leute bis fünfzig teilnehmen. Zum allerersten Mal fühle ich mich »jenseits von Gut und Böse«. Der Gedanke, dass ich wegen meines Alters für ihre Versuche nicht in Frage komme! Ich verstehe ja, dass sie Grenzen ziehen müssen, aber irgendwie gibt es mir das Gefühl, weniger als nichts zu sein.

Ich habe zwei Stunden passabler Energie und Bewegungsfähigkeit am Nachmittag. Wenn ich sie aufbrauche, bin ich früh erschöpft. Wenn ich es sehr, sehr langsam angehe, kann ich bis vier Uhr nachmittags oder sogar ein bisschen länger durchhalten. Schlafen kann ich wieder ganz gut (Gott sei Dank!). Kurze

Nickerchen von neun Uhr abends bis Mitternacht, dann zwei, drei Stunden fester Schlaf, dann wieder Dösen, mit hellwachen Phasen von dreißig Minuten und länger.

Es hat Jahre gedauert, bis ich begriffen habe, dass mein Körper tatsächlich über Stunden mit der Verdauung aufhört, wenn ich zu erschöpft oder gestresst bin, und das wiederum führt zu Darmreizungen, Schmerzen, Blähungen, Verstopfung – und und und. In der ersten Zeit dieser Krankheit, bevor überhaupt jemand kapiert hatte, dass da etwas sehr Schlimmes im Busch war, nahm ich immer weiter ab, obwohl ich massenhaft gutes Essen in mich hineinstopfte. Jetzt weiß ich, es lag daran, dass nichts wirklich verdaut wurde. Ich kann mich kaum an diese erschreckende Phase in meinem Leben erinnern (vor ungefähr neun Jahren), außer dass ich Angst hatte, auf eine Waage zu steigen.

4. OKTOBER

Liebe Carol, habe ich dir vor ein paar Wochen vom Duft der Haselnüsse erzählt? Diese Woche habe ich Walnüsse gepflückt. Die Bäume sind wie Schirme, so wunderbar beschützend, ihr Umfang so groß, obwohl sie noch jung sind. Alles an ihnen ist üppig und fett und großzügig: die Stängel, die die geteilten Blätter verbinden, das ungestalte neue Wachstum und die Nüsse selbst. Beim Pflücken fühlte ich mich von einer duftenden Wolke umfangen, es roch nach Fichtennadeln und zitronig zugleich.

Rudy hat mir einen großen Korb voll gemischter Narzissenzwiebeln geschenkt. Wenn es mir nur mehr Spaß machen würde, sie einzupflanzen. Ich stecke sie meistens ins Gras, in der Hoffnung, dass sie sich dort wohl fühlen und ausbreiten werden. Bei manchen funktioniert es auch, andere verschwinden. Das Problem ist, dass man die verflochtene Oberfläche durchstechen und tief genug in diesen harten Boden vordringen muss. Harte Arbeit, aber es lohnt sich, wenn sie durchkommen.

Heute ist der 25. Oktober, und ich bin inzwischen schon wieder von Texas zurück. Ich dachte, ich könnte dir den Brief noch vor meiner Abreise zukommen lassen, aber dann ging alles drunter und drüber. Jetzt, wo ich zurück bin, fühle ich mich niedergeschlagen und überfordert. Ich habe mir eingebildet, ich sei nach all den Jahren immun gegen die Graue-Himmel-Depression, aber in dieser Woche hat sie mich wirklich gepackt. Texas war so warm und sonnenbeschienen. In den zehn Tagen, die ich weg war, hat sich die Atmosphäre herbstlicher Reife und Fülle gewandelt und in die nach innen gerichtete Zeit verkehrt, in der die Welt dunkel und stumpf wird wie ein großer, schwärender Komposthaufen. Ich habe die Tomaten geerntet, bevor ich abgereist bin, weil die Nächte bereits kalt wurden. Normalerweise reichen sie, langsam nachgereift, bis weit in den Dezember. Diesen Herbst werden sie fleckigbraun, und dann tritt Schimmel in schneeigen Wülsten auf.

Heute habe ich einen Landschaftsgärtner angerufen, der herkommen und meine Dauerrabatte verarzten soll – etwas, wovon ich bisher nur träumen konnte. Ich habe oft die großen englischen Garten-Ladys mit ihrem angestellten Gartenpersonal beneidet. Vielleicht kriege ich mit etwas Unterstützung eine Dauerrabatte hin, die mir Freude macht, ohne dass ich mich groß plagen muss. Was bisher existiert, hat sich von gemäßigtem Chaos zu Rettungslos-außer-Kontrolle verschlimmert, während wir letztes Jahr weg waren. Ich hoffe, der Gärtner kann mir helfen, die Rabatte umzugraben und neu zu planen – Sträucher zwischen die Taglilien, Pfingstrosen und Sibirischen Schwertlilien pflanzen; den Phlox herausreißen, der sich wie ein Buschfeuer ausbreitet. Er ist die einzige mehrjährige Pflanze, die das Wild nicht auffrisst. In den letzten paar Jahren habe ich Lilienzwiebeln gepflanzt, die mich mit ihren schwellenden Knospen verlockt hatten, aber sie sind alle dem Wild zum Opfer gefallen.

Wir haben einen stolzen jungen Bock mit sprießendem Geweih, der hier in letzter Zeit herumhängt. Er kommt fast bis zur Türschwelle, um nachzusehen, ob Rudy daran gedacht hat, das Netz über die Trauben zu breiten, die vor ein paar Monaten vom Wild nahezu kahl gefressen worden sind. Er ist so schön, und gleichzeitig ist es zum Haareraufen, wie er mit engelhafter Leichtigkeit über den Obstgartenzaun springt.

Was du über deine Freundin Ingrid schreibst, bei der du gelernt hast, »vom Wald zu essen«, hat mich sehr getroffen. Ich habe auch zwei alte Damen, die immer um mich sind. Eine von ihnen, Peg, hat mir die kleinen roten Trauben gegeben, die so süß sind und so üppig neben der Küchentür wachsen. Letztes Jahr haben unsere Mieter sie nicht zurückgeschnitten, und so sind sie diesen Sommer wie verrückt gewachsen und haben eine unglaubliche Menge Trauben gegeben. Ihr Gewicht hat das Gurtgesims von dem Schuppen heruntergerissen, an dem sie wachsen; deshalb haben wir den Wein jetzt mit zwei mal vier Zoll großen Stangen hochgebunden. Ich werde ihn irgendwann in nächster Zeit zurückschneiden. Peg hat mir auch die gelbe Pfingstrose mit den durchsichtigen einzelnen Blättern geschenkt. Sie blüht in den stillen, kargen Vorfrühlingstagen, lange vor allem anderen.

Meine wahre Lehrerin war Bea Palmer. Wir haben sie kennen gelernt, als wir ihr ein paar von ihren schwarzen Karakulschafen abgekauft haben. Sie bewegten sich wie Einhörner durch ihre Felder, die Köpfe auf den anmutig gebogenen Hälsen herrisch hochgereckt. Beas Waldstück war voller Wildblumen, die sie ausgegraben und dorthin verpflanzt hatte. Ihr Gemüse wuchs in säuberlich abgesteckten, aufgeschütteten Rechtecken. Ich hatte so wenig Gartenerfahrung, dass ich kaum wusste, wie ich ihre Gärten anschauen oder welche Fragen ich stellen sollte, aber ich war tief beeindruckt von ihrer Gartenweisheit.

Wir wollen dieses Wochenende ein paar Äpfel und Birnen pressen, und wir wollen versuchen, Traubensaft zu machen. Das wird dann eine Premiere sein. Es hat mich richtig aufgemuntert, das hier zu schreiben.

Alles Liebe, Dorothy

31. OKTOBER *Kalt, klar und frostig*
Minus 5 Grad

Liebe Dorothy, ich sitze wie üblich in meinem Arbeitszimmer, aber jetzt habe ich ein wunderbares großes Fenster auf die Terrasse hinaus, auf der es von Vögeln nur so wimmelt. Das Geländer ist mit Faulbaum-Sträuchern, wilden Holzäpfeln und dem prachtvollen wilden Rosenstrauch überwachsen, der jetzt zwei Stockwerke hoch ist. Ich bin hinausgegangen, um das Thermometer abzulesen, und die Wachteln haben keinerlei Notiz von mir genommen. Normalerweise führen sie sich auf, als ob ich das Monster aus der Tiefe wäre. Ich frage mich, was diesmal anders war.

Ich habe mich dieses Jahr auf die wilden Apfelbäume konzentriert und Gruppenfotos von ihren Früchten und Blättern gemacht. Ron hat einen Pfad zu den versteckteren geschlagen, und wir haben mitverfolgt, wie die Äpfel reif wurden, sie gepflückt und gekostet, fotografiert, einzelne Schnitze getrocknet und wieder gekostet. Wir lagern ein paar ein und beobachten sie mit Argusaugen, um zu sehen, ob sie sich halten. Wir kennen sie jetzt so viel besser, nachdem wir sieben Jahre mit ihnen gelebt und sie betreut haben. Erst in diesem Jahr, wo mir der Luxus zuteil wurde, Zeit und Ruhe zu haben, kann ich mich wirklich daran freuen.

Ich habe festgestellt, dass ein paar von unseren wild wachsenden Apfelbäumen tatsächlich mehr als eine Sorte Äpfel produzieren. Ungefähr die Hälfte davon hat viele Stämme, und ich habe zwei verschiedene Holzapfelbäume gesehen, wo ich dachte, dass nur einer wuchs, und zwei verschiedene Apfelsorten, die aus demselben Stamm-Geflecht hervorkamen.

Unser »Ziegen-Apfelbaum« hat eine reiche Ernte hervorgebracht, nachdem er nun endlich zu seinem Recht gekommen ist. Er hat Jahre gebraucht, um sich davon zu erholen, dass Nachbars Ziegen seine Rinde erbarmungslos ratzekahl gefressen haben (bevor ich dieses Grundstück gekauft habe), und danach war er durch die wilden Holzapfelbäume blockiert, die wir abgehauen haben. Seine Äpfel schmecken genau wie die von unserem

»Rosen-Apfelbaum«, wie wir ihn nennen, der bisher nur einmal Früchte getragen hat, weil er sich erst noch von dem Waldbrand erholen muss, bei dem er vor sechs Sommern als junger Baum zu Schaden gekommen ist. Die Äpfel gleichen sich in der Farbe, der Beschaffenheit der Schale, ihrer späten Reife, aber nicht in der Art, wie sie wachsen. Der Rosen-Apfelbaum verhält sich wie ein überdimensionaler Holzapfelbaum, während der Ziegen-Apfelbaum wie ein normaler Apfelbaum in seiner vollen Größe wächst. Aber beide Apfelsorten schmecken, wie eine Rose riecht. Ein komisches Gefühl – ein Geschmack statt eines Geruchs.

Mein Sohn war dieses Wochende da und hat das erste Gruppenfoto von den Holzapfelbäumen gesehen. Er hat sich in seiner witzigen Art über uns lustig gemacht und gemeint, dass wir langsam ein bisschen schrullig mit unseren Apfelbäumen würden. Ich glaube, es ist praktisch unmöglich, mit einem Dreißigjährigen zu kommunizieren. Mit fünfzig ist meine Ehrfurcht vor allem in der Natur tiefer, persönlicher und unentrinnbar, so dass es beinahe schmerzlich ist. Ich kann dem Jungen in tausend Jahren nicht begreiflich machen, warum diese Äpfel so wichtig sind.

Ich führe mehr Arbeit sparende Techniken im Gartenalltag ein. In dem Maß, wie mein Körper sich verändert und schwächer wird, werde ich erfinderisch, versuche, mich herauszunehmen und trotzdem meine Hand drin zu behalten. Alle diese »Abkürzungen« können auch für gesunde Leute die Gartenarbeit leichter machen. Diesen Winter werde ich direkt auf jedem der Pflanzbeete kompostieren. Einen Kompost machen, ihn abschließen und zum nächsten Beet übergehen. Es gab ein Gerangel mit Ron wegen der Stelle, wo die Komposthaufen vorher waren. Er fand anfangs den Gedanken daran abstoßend und setzte sie in den Wald zurück. Das machte sie für mich unerreichbar, besonders im Winter, und wegen des Schattens im Winter war es auch kein besonders guter Platz für einen gesunden Kompost.

Jetzt ist Ron vollauf damit beschäftigt, sich im Internet zurechtzufinden, also übernehme ich das Kompostieren. Der erste Haufen ist nur etwa drei Meter von der vorderen Terrasse entfernt, in meinem Blumengarten. Ich bringe jetzt die Küchenabfälle direkt auf die am Boden liegenden und sturmzerzausten Kosmeen. Ihre Stängel werden den ganzen Haufen eine Zeitlang leicht vom Boden weghalten. Demnächst lasse ich Ron eine Ladung Mist, Unterboden, Sand und Heu bringen und auf das Beet breiten. Mit einer kleinen Schaufel, die an der Tür bereitsteht, kann ich den Kompost machen, und er wird »einfach toll« aussehen. Wie die Fingerabdrücke auf meinen Töpfersachen ist er »Teil des Arbeitsprozesses«. Jeder Haufen wird viele Stunden Wintersonne zum Aufwärmen haben.

CAROLS BESTER KOMPOST

(für feuchtes Klima)

1) Grobe Zweige auf dem Boden aufhäufen. Ich nehme Kosmeen-, Astern und Springkrautstängel, die robust sind, aber mit der Zeit verrotten.

2) Auf die Unterlage aus groben Zweigen eine Schicht Heu oder alles Verfügbare wie Blätter, Gras oder kleinere Pflanzen legen. Diese sollen den Boden des »Kompostkorbs« festigen helfen.

3) Neben dem »Kompostkorb« eine Ladung Mist, Erde jeglicher Art, Sand und alle Kompostschätze, die man finden kann, aufhäufen.

4) Küchenabfälle auf dem Bett aus groben Zweigen aufhäufen und mit ein paar trockenen Substanzen – Erde, Sand, Heu – bedecken.

5) Nach ein paar Monaten den Kompost mit Erde, Heu etc. abdecken und ruhen lassen, bis man ihn braucht.

Der springende Punkt dabei ist, dass man die Substanzen schichtet wie beim Biskuitauflauf. In jedem Stadium sollte man mit einer trockenen Schicht abschließen, damit die Vögel sie nicht zu sehr aufscharren. Ich

habe festgestellt, dass Waschbären und Vögel darin herumscharren (weil so viele Würmer drin sind), aber ich betrachte sie als Partner – sie wühlen die Erde von Zeit zu Zeit auf. Wir rechen sie zurück. Ich habe noch kein einziges Mal meine Komposthaufen gerochen, und meine Nase ist so gut, dass man sie bei Lloyds in London versichern müsste.

Wie du siehst, nenne ich dieses Rezept Carols besten Kompost. Wenn ich faul oder müde oder beschäftigt bin oder wenn ich andere Leute den »Kompost rausnehmen lasse«, liegen die Küchenabfälle lange Zeit unbedeckt herum und verwandeln sich in eine schleimige, klebrige Masse. Irgendwann werden sie abgedeckt, und dann kann das Ergebnis immer noch wunderbar sein. Ich habe noch nie einen misslungenen Kompost erlebt; die Natur kompostiert ohne Hilfe. In einem sehr hektischen Jahr in Briarwood habe ich entdeckt, dass sich einer der vernachlässigten Haufen in eine Wurmfabrik verwandelt hatte – Tausende von dicken, schweren, gesunden Regenwürmern. Ein unglaublicher Gewinn für meinen Garten! Für mich war es, als ob ich pures Gold gefunden hätte.

Mein Ziel für diesen Winter ist, erfolgreich auf jedem der Pflanzbeete zu kompostieren und mir damit viele Schritte des Arbeitsprozesses zu ersparen. Auf diese Weise kann ich mir den Genuss eines winterlichen Gartenprojekts gönnen und trotzdem meine Kräfte schonen.

Als weitere Arbeit sparende Methode habe ich mir angewöhnt, die Baumschere neben die Vordertür zu hängen, damit ich sie immer bei mir habe, wenn ich im Garten herumgehe. Wenn ich den ganzen Winter über ein bisschen ausputze – nur fünf bis zehn Schnitte pro Gartenrundgang –, ist das Zurückschneiden keine Arbeit mehr. Ich habe eine ganze Menge wunderbare Dinge beim winterlichen Beschneiden entdeckt. Zum Beispiel kann ich die meisten überwinternden Zeltraupeneier in ihren Kokons ablesen, weil sie auf den kahlen Zweigen so gut sichtbar und so verletzlich sind. (Spürst du meine Schadenfreude!) Ich sehe die Sträucher und Bäume erst richtig, wenn sie ohne ihre Blätterpracht sind. Und obwohl es frostig oder kalt und regnerisch ist, bin ich trotzdem draußen. Mein Garten ist den kalten Annäherungsversuchen des Winters nicht allein überlassen.

3. November

Ich bin zu den Bienen hinausgegangen, auf einem anderen Pfad, den ich mir unterwegs geschnitten habe. Ich stand direkt unter ihrem Stock und sah hinauf, als schaute ich in einen umgekehrten Geschirrständer. Die Bienen sind »drinnen« in dem größeren Hohlraum zwischen den mittleren Waben zusammengeknäult. Ich kann sehen, wie sie sich langsam bewegen.

Alles Liebe, Carol

10. November

Liebe Carol, was für ein Wetter! Ungefähr vor einer Woche, an einem der eiskalten Tage, habe ich Ahornblätter vom Baum fallen sehen, leuchtend gelbe, orange gesprenkelt, mit Rauhreif bedeckt, wie halb geballte Fäuste, wie offene Hände. Der Haufen, den sie auf dem Boden bilden, wurde von den ersten Strahlen der Sonne erleuchtet, die in deiner Richtung drüben aufging. An einem Morgen wie diesem gehe ich wie auf dem Highway, direkt in den unwiderstehlichen Rachen der Sonne hinein.

Vor zwei Tagen, nach endlosem Regen, war die Luft warm und voller Düfte. Ich war hingerissen von den Erdbeerbaum-Blättern, die auf den Asphalt fielen, unregelmäßig gefleckt, in stumpfen Graus und Grüns, als ob ein Künstler sie mit Graphitpulver beschmiert hätte. Auf diesen Blättern lagen Regentropfen, vollkommene, prall gefüllte Linsen, wässrige Juwelen. An anderen Stellen war die Straße mit gelben Ahornblättern gepflastert, feucht und leuchtend, wie vollgesogenes Pauspapier. Das ist die Zeit der Blätter.

Als ich letztes Jahr in Penland in North Carolina war, hat Chris Allen-Wickler, eine großartige Künstlerin, Dias von ihren Arbeiten gezeigt. Eines ihrer Experimente war ein Efeu, der an einer Mauer wuchs und den

sie mit Papier-Rechtecken beklebt hatte. Die Efeublätter hatten sich alle in verschiedene Rot- und Orangeschattierungen gefärbt, außer an den Stellen, wo sie das Papier hingeklebt hatte. Als sie es wegnahm, war eine wunderbare Spannung zwischen der Regelmäßigkeit der abgedeckten Blätter und dem organischen Chaos der Kletterpflanze entstanden, ein kraftvoller Wandteppich in Grün und Rot. Sie hat noch eine andere Arbeit gemacht, für die sie den Treppenaufgang einer Universitätsbibliothek mit gelben Blättern einfasste. Die Blätter waren in ordentlichen Reihen ausgelegt, jedes einzelne mit einem Stein beschwert. Es war schön. Wenn ich jetzt daran zurückdenke, kommt es mir wie eine Vorwegnahme der Steine vor, die wir überall in Indien auf Baumaltären gesehen haben.

Vielleicht ist es ihr Einfluss, dass ich die Blätter an gewissen Bäumen sorgfältiger betrachte, wenn sie ihre Herbstfarben annehmen. Man sieht, wo manche von anderen Blättern oder von den Früchten verdeckt waren, was ein schattenhaftes Spiel gedämpfter Farben hervorruft. Die Farben hier in British Columbia sind nur selten klar. Meistens sind sie eine Symphonie aus modulierten Schlammfarben – stumpforange, stumpflila, stumpfocker –, aber sie singen. Der Mispelstrauch und ein Koreanischer Hartriegel sind besonders gute Beispiele für diese verrückten Patchwork-Schattierungen. Ich habe sie heute fotografiert. Ich hoffe, sie kommen gut heraus.

Heute war es frostig-klar. Die Ahornbäume sind fast kahl. Ihre Zweige sind wie in den Himmel geätzt, mit dem Muster der »Samara«, ihrer geflügelten Samen, die noch immer dort oben hängen. Ich verwechsle manchmal »Samara« mit »Samsara«, dem buddhistischen Begriff von der Welt als Illusion. Sie ist eine Illusion, nicht wahr?

Ich bin immer sehr heikel, was das Wetter angeht, bei dem ich im Garten arbeite. Ich gehe bei Sturm und Regen spazieren, aber ich hasse es, in nasser, kalter Erde zu knien. Stattdessen wandere ich herum, entdecke verwelkte Blumenstängel in winterharten Beeten, die zurückgeschnitten, und Beete, die in Ordnung gebracht werden müssen. Heute habe ich es geschafft, ein paar Aufräumarbeiten im Garten zu machen, und das war ein gutes Gefühl. Ich habe auch den Wein beim Küchenfenster zurückgeschnitten. Ich weiß nicht, warum ich die knorrigen, gekappten Weinstöcke, bis aufs Mark zurückgeschnitten, so schön finde, aber es ist so.

Letztes Wochenende habe ich die Mispeln gepflückt. Mir sind dazu zwei Zitate eingefallen. Von Chaucer: »Wer nicht modert, kann nicht reifen.« Und das andere aus Yeats' »Crazy-Jane«-Gedichten:

Drum wohnt die Liebe Wand an Wand
mit Kot und Exkrement,
denn nichts ist groß und nichts ist ganz,
das nicht Verfall erst kennt.

Wo wir gerade beim Thema sind: Ich hoffe, dein Kompostrezept inspiriert uns. Wir tendieren dazu, die chaotische, feuchte Sorte zu machen. Im Frühjahr reihum in den Boden gepflügt, bewirkt es bestimmt viel Gutes, aber selten haben wir jene reiche, krümelige Erde produziert, wie sie in den Büchern beschrieben wird. In unserer Kultur ist man so verklemmt, was Fäulnis und Exkremente angeht, und dabei entsteht so viel Leben dort. »Oh, Shekinah (in der jüdischen Mystik das feminine Prinzip der in der Welt immanenten Gottheit), lass mich molsch werden«, scheint mir zur Zeit wichtiger zu sein, als um Segen zu bitten.

Die grauen Tage machen mir in diesem Herbst sehr zu schaffen. Die klaren Tage möbeln mich wieder auf.

Alles Liebe, Dorothy

CAROLS TAGEBUCH

Gestern war ein bleischwerer Tag – es ging mir immer schlechter, bis ich das Gefühl hatte, nicht mehr atmen zu können. Ich musste mehr Rivotril (ein antispasmodisches Medikament) nehmen. Meine Hüftgelenke schmerzen, und ich habe blaue Flecken am Knie, für die ich keine Erklärung habe. Mir ist wirklich elend zumute.

Ich fühlte mich so komisch den ganzen Tag, was schließlich in einer »Gefrierphase« kulminierte. Es war so schlimm, dass ich in der heißen Wanne liegen musste, aber der Boiler war verbraucht, und so musste Ron mit heißem Wasser vom Herd hin und her rennen.

Im Lauf des Tages habe ich den Entschluss gefasst, eine neue, Energie sparende Routine anzufangen. Jeden Tag und jede Stunde und jede Minute will ich darauf achten, dass ich nicht zu viel mache. Ich gelobe mir selber, mich nicht anzutreiben, auch wenn es noch so verlockend ist.

So wie die Dinge sich in letzter Zeit entwickelt haben, kann ich nicht voraussagen, wann ich an den Punkt komme, an dem es zu viel wird, also muss ich viel früher aufhören, sozusagen prophylaktisch. Ich reduziere alle Gespräche. Ich gehe nicht mehr zu irgendwelchen Treffen oder besuche andere Leute; es gibt keinerlei »Muss« für mich. Ich lege mich jede Stunde hin, ob es nötig ist oder nicht. Ich gehe für lange, lange Zeit nicht mehr nach Nanaimo. Wenn ich in Versuchung bin, »etwas einfach doch zu tun«, werde ich Alternativen finden: es absagen, mit der Post aufgeben, per Kurier schicken, Ron zum Durchtelefonieren geben, das Ganze vergessen.

Letzte Woche hat sich Ron den Vortrag eines neuseeländischen Arztes angehört, in dem es um die Ursachen und »Heilung« der »myalgischen Encephalomyelitis« ging (dieser Arzt hasst den Begriff Chronisches Müdigkeitssyndrom und weigert sich, ihn zu benützen). Es war so lieb von Ron, sich in einen Hörsaal mit Hunderten von Leuten zu setzen und diesem Arzt zuzuhören, der mit großem Einfühlungsvermögen für die Menschen gesprochen hat, die unter dieser körperlichen Krankheit bzw. Störung leiden. Als Ron zurückkam, war er sehr nachdenklich, strich mir übers Haar und holte mir alle möglichen Sachen und drängte darauf, eine Blutprobe von mir zur Untersuchung nach Neuseeland zu schicken.

29. NOVEMBER *Feucht, dunkel, 6 Uhr früh*
Liebe Dorothy, ich bin jetzt wieder auf, nachdem ich dreizehn Tage wegen Rückenbeschwerden im Bett gelegen habe. Ich habe immer noch sehr zu kämpfen – mit den schlimmen Schmerzen und Krämpfen, und jetzt auch noch mit der Schwäche, die vom langen Liegen kommt. Ich hatte mehr als genug Zeit zum Nachdenken!

Zumindest habe ich unsere Briefe noch einmal gelesen. Es hat mir große Freude gemacht, und ich habe festgestellt, dass ich durch das Schreiben meine Naturerfahrungen besser zu schätzen gelernt habe. Andenken, ins Bewusstsein geholt, vermitteln mir Einsichten: Sie sind kostbarer als die Erinnerungen auf meinen Bücherregalen. Seit den Tagen, als ich die Uferschluchten des Illinois River erforscht habe, bin ich immer neu von dem Leben um mich herum fasziniert, wo immer ich auch bin. Das ist das große Geschenk in meinem Dasein. Selbst in diesen dunklen Tagen habe ich Augen für die Radnetzspinne, die über meiner Küchenspüle lebt.

Ron und ich haben viel über deinen wunderbaren Ausdruck »molsch werden« gelacht. Wir haben ihn oft benützt in den ersten paar Tagen, nachdem wir deinen Brief gelesen hatten. Ich fühle mich jetzt wie eine Quacksalberin, nachdem ich deine Interpretation meines Kompostrezepts gelesen habe. Ich hatte nie einen Kompost, der so wurde, wie die Experten behaupten, dass er sein könnte: reiche, krümelige Erde. Mein »bester Kompost« ist immer eine Überraschung. Ich lasse die Haufen selten lange genug liegen, geschweige denn, dass ich den ganzen Aufwand damit betreibe, der offenbar nötig ist, um den »idealen Kompost« zu bekommen. Meine Komposthaufen sind von unterschiedlicher Konsistenz. Aber eines haben sie alle gemeinsam: Sie sind eine wunderbare Wachstumshilfe, mögen sie auch noch so unordentlich oder unvollkommen aussehen.

Ich weiß noch, wie Kathy 1977, als ich gerade Briarwood gekauft hatte, von einem Gartenkurs nach Hause kam. Sie hatte ein wunderbares Büchlein gekauft, *The Postage Stamp Garden* (Der Briefmarkengarten). Seither benütze ich nur noch erhöhte Beete. Der Kursleiter hatte gemeint, es sei wichtig, Fasern in den Boden zu bekommen, und er hatte ihnen geraten, sie sollten ihre alten Leinenschuhe und Teppiche hineinwerfen. Mein Kompost ist immer faserig und klumpig, teilweise »unverdaut«. Wie hat meine Mutter so schön gesagt: »Ob der Pudding gut ist, zeigt sich beim Essen.« Diesen Test hat mein Kompost noch immer bestanden – meine Pflanzen gedeihen besser, als ich es mir je hätte träumen lassen.

Alle meine Kompostierungspläne für diesen Winter sind durch meine neuesten Beschwerden im unteren Rückenbereich zunichte gemacht worden. In den Wochen, in denen ich auf dem Rücken liegen musste, habe ich über vieles nachgedacht und vieles unter einem neuen Blickwinkel betrachtet. Es war eine heilsame, wenn auch unfreiwillige Atempause in meinen ehrgeizigen Projekten, und eine durch und durch schmerzliche und demütigende Erfahrung.

Deine Beschreibung der Wasserjuwelen auf den Erdbeerbaum-Blättern ist wunderbar anschaulich. Ich bin selig, wenn ich solche kleinen runden Wasserdiamanten finde. Eines Morgens haben Ron und ich zusammen die prächtigste Kapuzinerkresse dieses Jahres bewundert, von einer märchenhaften Größe, die aus der Kläranlage herausgewachsen ist. Eine Pflanze war so groß und kräftig, dass sie mit ihren vielen Verästelungen über den Zaun reichte, in die Glyzinien hinein und bis auf den Weg hinaus. Sie wuchs und wuchs und wuchs. Auf jedem großen Blatt war ein Wasserdiamant. Plötzlich musste ich an die Buschmänner denken, die von so wenig Wasser leben. Sie wandern frühmorgens in der Wüste herum und genießen dieses Labsal, das sich auf den Pflanzen gehalten hat, Tropfen für Tropfen. Ron und ich haben es genauso gemacht, wir haben diese winzigen, kostbaren Tröpfchen gekostet und uns – vergeblich – vorzustellen versucht, wie es wäre, wenn wir nur das zum Leben hätten. Verrückt, was?

Ich habe eine von den selbst ausgesäten Ziertabak-Pflanzen im letzten Moment vor einer harten Frostnacht hereingebracht. Der Tabak wächst weiter, blüht und verströmt jeden Abend seinen Duft und verlängert so für mich die Wachstumsperiode. Der Sommer ist nicht vorüber, der Ziertabak blüht! Ich habe beschlossen, dass ich nächstes Jahr ein paar von den wild wachsenden Pflanzen ausgraben werde, die dann mein Geschenk für die neue Jahreszeit sein sollen – was für wundervolle Gaben. Jeden Abend, wenn der Ziertabak seinen betörenden Duft in unserem bereits dunklen Dezemberhaus verströmt, schwebe ich auf Wolken. Solche Gartenfülle könnte leicht übersehen werden, weil sie so selbstverständlich ist.

Neulich habe ich eine Gartensendung angeschaut (ja, ich zappe mich im Liegen durch die Fernsehprogramme) und musste mir anhören, wie der Moderator meine »Dreispaltigen« als das »gefürchtete Himalaja-Springkraut« beschimpfte. Ist das nicht typisch? Weil es schnell wachsende einjährige Pflanzen sind, die sich selbst aussäen, werden sie heruntergemacht und unterschätzt. Wenn sie schwierig zu ziehen wären und in einer Gärtnerei gekauft werden müssten, würden sie als Wunder gelten. Bienen sind ganz wild auf diese Pflanzen, kriechen in sie hinein, um an das kostbare Innere heranzukommen. Die dicken Hummeln krabbeln in die Blüten, und manchmal fallen sie aus den Blütenöffnungen heraus und sehen ziemlich verdattert aus, bis sie begreifen, dass sie im Sturzflug auf den Boden zusteuern. Nach kurzer Zeit sind die Blüten völlig durchlöchert und ausgefranst von dem ständigen Aus und Ein der Bienen. Die Samenkapseln, die sich später bilden, platzen bei der geringsten Berührung und geben einen Schwall von Samen frei, wenn man an ihnen vorbeistreift. Was für zähe Kämpfer diese Pflanzen sind. Aus einer Tiefe von einem Meter unter unserer Veranda, wo es nahezu dunkel ist, tauchen sie aus winzigen Ritzen in der Zedernholzverkleidung auf. Ich muss immer lachen bei ihrem Anblick. Tja, Pech für mein Springkraut, keine begehrten Preise für euch – ihr seid *zu gewöhnlich*!

Einmal war ich im Sommer bei unserer Versteigerung hier, und da standen zwischen den Stühlen, Bildern, Heizöfen, Fernsehern und Tupperschüsseln auch fünf große schwarze Plastiktöpfe mit je einer Springkrautpflanze. Sie waren offensichtlich an einem sonnigen Platz gewachsen und sahen prächtig aus, aber mir blieb trotzdem die Luft weg, als sie für dreißig Dollar pro Stück versteigert wurden. Zu Hause hatte ich Hunderte (Tausende?) davon. Ich fragte jemanden vom Auktionshaus: »Wer macht das, und kommt das oft vor?« Die Frau erzählte mir widerstrebend, dass eine kleine Gärtnerei regelmäßig ein paar Pflanzen in die Auktion geben würde und dass diese zwischen 15 und 35 Dollar einbringen würden. Die Frau war selber entsetzt über diesen »Betrug« (wie sie es nannte), aber was sollte sie machen? Die Pflanzen waren jedenfalls faszinierend genug, um für so viel Geld wegzugehen.

3. DEZEMBER
Ich habe tagelang an diesem Brief geschrieben, weil ich immer nur ein paar Minuten am Stück aufrecht sitzen kann. Gestern hat Ron mir geholfen, zu den Bienen hinauszugehen. Sie sind tot. Die Waben sind leer. Auf dem Boden darunter, kaum sichtbar in der Waldstreu, liegen ihre Leichen.

9. DEZEMBER
Ich kann mich zur Zeit nicht oft an den Computer setzen, wegen meinem Rücken und anderen Problemen, die damit in Verbindung stehen. Ich habe so viel, worüber ich gerne reden würde, aber nun muss es eben warten.

Wir haben jetzt minus fünf Grad um halb sieben Uhr morgens, und ich frage mich, was aus meinen Rosen wird, die ich alle letzten Sommer zur Erinnerung an meine Mutter gekauft habe. Ich habe überhaupt nichts gemulcht, und Ron hatte auch keine Zeit hinauszugehen. Ich fürchte, dieser Winter wird ein Härtetest für meine Pflanzen sein.

Alles Liebe, Carol

WINTER

31. DEZEMBER BIS 6. JANUAR

Liebe Carol, heute ist der letzte Tag des Jahres. Vor meinem Fenster blüht die Virginische Zaubernuss. Vor zwei Wochen schon hat sich ein unmissverständlicher rotoranger Schimmer auf den grauen, flechtenbedeckten Zweigen gezeigt. Ich dachte, ich träume. Die seltsamen Blüten, die keine wirklichen Blüten sind, sondern mehr wie ein Knäuel von ineinander verschlungenen Fingern, lassen sonst bis weit in den Januar hinein auf sich warten. Ich ging hinaus, um nachzusehen, was diesen feurigen Schimmer hervorbrachte. Es waren die Knopsen, die gerade anfingen, ihre Hüllen zu sprengen. Jetzt sind sie ganz offen. Auch der Februar-Seidelbast zeigt bereits ein paar lavendelblaue Blüten. Beide Sträucher verströmen einen wunderbaren Duft, wenn sie blühen. Da wir wahrscheinlich noch einen harten Frost bekommen, weiß ich nicht, ob ich sie beglückwünschen oder um sie bangen soll.

Ich habe diesen Herbst sehr bewusst die Sprache der kahlen Zweige wahrgenommen, ein verschlungenes, monochromatisches Gewebe, wie bei einem Gedicht von Emily Dickinson. Ich habe immer wieder Zweige für das Haus gesammelt, weil mir ihre puritanische Schlichtheit lieber war als gekaufte Treibhauspflanzen. Die Blutbuche hat immer noch ihre stachligen Fruchtschalen an den Zweigen hängen. Und an der dornigen Berberitze klammern sich die geringelten orangen Blätter fest. Auf dem Weg zum Haus eines Freundes sind wir an einem Haufen ockergelber Weidenschösslinge vorbeigekommen, die in einem Wäldchen an einem See geschnitten worden waren. Wir haben ein paar davon hinten in den Lastwagen reingeworfen. Zu Hause habe ich ein paar in den Boden gesteckt, für den nicht sehr wahrscheinlichen Fall, dass sie vielleicht Wurzeln schlagen, und mehrere Sträuße mit ins Haus genommen.

Diese dürren Zweige spiegeln mein Bedürfnis wider, alles Unwesentliche abzustreifen, mehr in die Tiefe zu gehen, um herauszufinden, was ich wirklich will, sozusagen bis zu meinen eigenen Knochen vorzudringen.

Ein großblättriger Ahorn steht an der Straße, wo ich fast jeden Morgen spazierengehe. Vor Wochen sind die Blätter in luftigen Haufen heruntergefallen und dann in dem endlosen Regen zu einer Masse zusammengesackt, die dalag wie ein patinabedeckter Seidenschal über einem Klavier aus eduardianischer Zeit. Schließlich, an jenen bitterkalten Tagen, haben sich lange, weiße Rauhreifkristalle an den Blättern festgesetzt, so dass diese zugleich pelzig-weich und stachlig aussahen. Ich kann mich nicht erinnern, derart spektakuläre Rauhreifkristalle je gesehen zu haben.

Sie ragten von den alten Ringen auf den Zedernholz-Zaunpfosten auf wie Wolkenkratzer an einer Straßenschlucht. Die Quecken-Büschel nahmen architektonische Dimensionen an, glichen eisernen Strebebögen für winzige gotische Kathedralen. Die Blätter der einzelnen Mahonie waren am Ende jedes Stängels vom Rauhreif überzogen, die inneren, geschützteren Blätter dagegen kaum behaucht – ein Lackmus-Test der Verletzlichkeit.

Heute Morgen ist es wieder warm. Gerade eben habe ich Dutzende von winzigen Vögeln beobachtet, die in der kahlen Japanischen Aprikose kauerten und sich nur leise bewegten, wie Blätter, vom Winter geschwärzt, die aber immer noch an den Zweigen hängen. Dann flogen sie weg, und drei saphirblaue Diademhäher landeten in dem kleinen Apfelbaum direkt vor diesem Fenster hier. Es ist ein bequemer Zwischenstopp nach dem Raubzug auf die Haselnüsse in dem kleinen Wäldchen direkt dahinter. Ich weiß nicht, ob die Nüsse leer oder voll sind – für die Häher kann ich nur hoffen, dass sie ein paar gute gefunden haben.

Deine Beschreibung, wie ihr die Tautropfen von den Blättern getrunken habt, hat mich sehr berührt. Ich mache das auch. Besonders faszinieren

mich die Tautropfen, die an den Haselnusskätzchen hängen, wenn sie gerade erst aufgehen. Ich frage mich immer, ob das Wasser einen Hauch von Blütenessenz mit sich führt. Ich wittere es darin – wie ein schwaches Parfüm. Wasser war diesen Herbst so unerbittlich allgegenwärtig, dass es mehr die ätherischen Düfte sind, die mich faszinieren, als das Wasser selbst oder das befremdliche Gefühl, im Vorübergehen zu trinken wie das Wild.

Die Knospen des Eisenhuts platzen bald auf. Was für ein seltsames Jahr!

Alles Liebe, Dorothy

P. S. Es tut mir sehr Leid, dass deine Bienen tot sind. Heute, bei diesem verrückten Chinook-Wetter, waren die Honigbienen draußen. Sie sind um die Zaubernuss herumgeschwärmt und haben ihre leuchtenden Neujahrs-Spritzer als Gruß auf der Windschutzscheibe des Wagens hinterlassen.

CAROLS TAGEBUCH

Es macht mich verrückt, dass ich unfähig bin, auch nur die einfachsten Dinge zu bewältigen, die ich früher noch gemacht habe: tippen, Geschirr abwaschen, kleinere Näharbeiten, Spaziergänge, ins Auto steigen und mich irgendwohin fahren lassen. Wenn ich an mein jetzt vergangenes Leben denke – vor der letzten Rückenverletzung (von der es später hieß, dass es sich vermutlich um eine angeknackste Bandscheibe handelte) –, kommt es mir wie das Schlaraffenland vor.

Eine Krankengymnastin war zweimal bei mir. Sie hat meinen Rücken untersucht und mir einfache, leichte Dehnungen gezeigt und mir geraten, die Übungen, die ich mache, ganz, ganz langsam zu steigern (wieder mal ganz was Neues …). Heute war sie um acht Uhr abends zum dritten Mal da, und von den einfachen Dehnungen, die sie mich machen ließ, habe ich später am Abend höllische Schmerzen bekommen. Ich wusste nicht, dass es bereits zu viel gewesen war. Sie hat noch nicht begriffen, wie gebrechlich die Muskeln beim Chronischen Müdigkeitssyndrom sind, aber sie ist einfühlsam und klug und wird es schnell lernen. Ich muss mir immer noch beim Baden helfen lassen, weil ich es nicht schaf-

fe, den Hocker zur Wanne zu tragen oder mich zu bücken, um etwas aufzuheben, oder mich vorzubeugen, um meine Beine unterhalb der Knie zu waschen.

Wir haben uns eine neue Lebensweise und Alltagsroutine angewöhnt, die auf meinen neuen Körper Rücksicht nimmt. Es bedeutet, dass Ron mich nicht sehr lange allein lassen kann, und er macht möglichst keine Termine für abends oder am frühen Morgen aus, weil er mir beim Baden helfen muss.

Es geht mir immer noch nicht so gut, dass ich mich ins Auto setzen kann, in die Stadt fahren, aus dem Auto aussteigen, in die Arztpraxis gehen, im Wartezimmer sitzen, bis ich drankomme, und dann wieder nach Hause fahren. Was ich dabei gewinnen würde, steht in keinem Verhältnis zu der körperlichen Anstrengung und dem Energieverlust – also ist klar, dass ich es nicht machen kann.

23. JANUAR *Schnee auf dem Boden*

Liebe Dorothy, die letzten Monate sind für mich ohne die Zeitmarkierungen der Natur vergangen. Ich fühle mich der Gartenwelt direkt vor meiner Haustür so entfremdet. Eines Tages, als die Sonne schien und die Terrasse trocken genug war, dass ich hinausgehen konnte – ohne die Angst, ich könnte ausrutschen –, habe ich ein einsames kleines Stiefmütterchen entdeckt, das in dem chinesischen Eiertopf unter dem Südgiebel blühte. In meinem großen Erdbeerpflanzkübel neben der Tür stand eine tapfere violette Petunie. Ich weiß, dass die Petunie wegen der Wärme überlebt, die aus unserer Haustür entweicht; ein perfekt isoliertes Ökohaus ist das hier nicht.

Ich habe hier gelegen und mir überlegt, wie ich den Garten neu organisieren könnte, weil mir mittlerweile schmerzlich klar ist, dass ich dieses Jahr nicht in der Lage sein werde, mit meinem früheren körperlichen Einsatz im Garten zu arbeiten. Ich werde mein Gehirn mehr gebrauchen und mich für die groben Arbeiten auf die Körper anderer Leute verlassen müssen. Ich hoffe, es sind genug Pflanzen und Routine-Arbeiten etabliert, so dass Ron ohne meine Hilfe weitermachen kann. Ich trage mich mit dem Gedanken,

mein riesiges Iris-Beet in erhöhte Pflanzcontainer umsetzen zu lassen, so dass sie leichter unkrautfrei gehalten werden können und von dem Steingarten getrennt sind. Sonst habe ich keine weiteren Pläne. Es bleibt mir wohl nichts anderes, als blühen zu lassen, was eben blüht, und dabei auf »Freiwillige« zu hoffen (Pflanzen wie Gartenhelfer).

In vergangenen Jahren habe ich mir ein Vergnügen daraus gemacht, manche Pflanzen drinnen keimen zu lassen, aber dieses Jahr werde ich einfach Samen ausstreuen, wenn der Boden sich im Frühjahr aufwärmt. Wer weiß, was ich noch alles entdecke, nur weil ich gezwungen bin, weniger zu tun?

Die Zypressenhecke ragt immer dunkler, üppiger und größer auf. Vor über fünf Jahren als natürlicher »Zaun« gepflanzt, um unsere Südgrenze zu markieren, wächst diese Hecke trotz Rons Rückschnittversuchen ständig weiter. Sie war Rons erstes Gartenprojekt, also hat er dieses wuchernde Monster gepäppelt und gehätschelt und bringt es kaum übers Herz, sie richtig und regelmäßig zurückzuschneiden. Er sieht die Hecke als Schutzwall gegen die Übergriffe der bösen Welt und will nichts von unserem ursprünglichen Plan hören, sie auf die übliche Zwei-Meter-Zaunhöhe zu beschränken.

Was mich sofort in Bann geschlagen hat, als ich zum ersten Mal allein über dieses Zwei-Morgen-Grundstück gegangen bin, war die natürliche Lichtung, sonnendurchflutet und warm: die Wiese meiner Träume. In diesem Sommer haben dort Tausende von wilden Möhren geblüht, dazwischen ein paar Holz- und Wildapfelbäume. Die Wiese nimmt ungefähr ein Sechstel der zwei Morgen ein: Ich habe auf meiner Decke auf dieser Wiese gelegen und mir gesagt: »Hier bist du zu Hause.«

Inzwischen haben wir die Wiese gezähmt. Der große Faulberg wurde auf Verlangen der Gesundheitsbehörde dort hinausverlagert. Mit Zeit und Mühe ist jetzt ein wunderschöner Hügel daraus geworden, der ungefähr zwei Drittel der ursprünglichen Wiese einnimmt. Der Rest der Lichtung ist ein gemähter Rasen, den wir die Obstwiese nennen, mit weiteren Wildapfelbäumen und ein paar immer tragenden Himbeerbüschen. Doch leider drückt jetzt die Zypressenhecke auf die ganze Südseite der Obstwiese und wird immer höher und höher. Im Winter überschattet sie die gesamte Obstwiese, so dass hier ein ständiges klammes Winterdunkel herrscht. Wo meine Wiese an die Wiese der Herb Farm grenzte, ist jetzt eine dunkelgrüne Wand. Die Herb Farm erntet alle Vorteile unserer Hecke, denn sie fängt die ganzen niedrigen Winter-Sonnenstrahlen ein und hält so die Wärme auf ihrer Seite.

Ich habe mit Ron über die verminderte Sonneneinstrahlung gesprochen, den Mangel an Luftzirkulation, die Art und Weise, wie die Zypressenhecke die Obstwiese überschattet, so dass die Himbeer- und Apfelbaumwurzeln von einer nahenden Eiszeit bedroht sind. Ich habe Tränen vergossen, als ich mit ansehen musste, wie sich jeden Winter die Frostlinie der Hecke weiter nach Norden bewegte. Die Hecke bleibt die stumme Siegerin – indem sie die Sonne aussperrt. Ich kann dir gar nicht sagen, wie mich das in innerster Seele schmerzt. Jeden Tag hacke ich in Gedanken die Zweige herunter, werfe sie in den Häcksler und befreie die Wiese von ihrer Tyrannei. Vor zwei Jahren habe ich Ron einen Vorschlag gemacht, wie wir die Hecke behalten können und trotzdem mehr Luft und Wärme bekommen, indem wir die Zweige etwa einen halben Meter über dem Boden abschneiden. Nicht ein einziger Zweig wurde gekappt. Seither versuche ich mich in Gleichgültigkeit zu retten, obwohl es dazwischen immer wieder Phasen gibt, in denen ich furchtbare Ängste um die Wiese ausstehe. Vielleicht sollte ich mich damit trösten, dass es sicher sehr spannend wird, wie die Beerensträucher und Apfelbäume in einem arktischen Mikroklima zurechtkommen.

Inzwischen habe ich mein Selbstvertrauen verloren. Ich bin die Bäume im Schatten, meine Wurzeln sind im froststarren Boden gefangen. So wie mein unerbittlicher Körper mich diesen Winter verrät, starre ich auf die Hecke, und sie ist mein Feind.

28. JANUAR

Es ist Nacht, und ich fragte mich, woher der Glanz draußen kommt. Vollmond? Ich machte die Tür auf und sah die frische weiße Decke. Soll diese Kälteperiode denn ewig dauern? Mein steifer Rücken möchte, dass meine Beine beschwingt auf dem Boden ausschreiten, und meine Sinne sehnen sich nach den herben, erdigen, moosigen Gerüchen unserer Wälder.

Alles Liebe, Carol

2. FEBRUAR

Liebe Carol, ich sage immer, das hier sei der schlimmste Winter, den ich je erlebt habe, aber dann fällt mir einer vor mehreren Jahren ein, der auch eisig kalt und unerbittlich war, so dass man sich wirklich von Tod und Endzeit angehaucht fühlte. Ich habe in jenem Winter ein Buch gemacht, ein Einzelstück, das den Titel »Verzweiflung« trug. In dem Text ging es um Eis und Schnee und Kälte und meine Assoziationen dazu. Es wird mir diesen Winter klar bewusst, dass ich es im Grunde nicht mag, wenn die Erde in Schnee gehüllt ist, besonders nicht an Tagen mit bleigrauem Himmel. Die Tannen sehen schwarz statt grün aus; es ist, als ob alle Farbe aus der Welt gewichen wäre. Es gibt keine Grauskala, keine Wärme oder Veränderung.

Am Sonntag hat es wieder geschneit. Ich war zu einer Hochzeit im Sikh-Tempel eingeladen. Wir wussten nicht, wie die Straßenverhältnisse sein würden, aber wir sind trotzdem gefahren. Im Tempel saß ich auf dem mit Teppichen ausgelegten Boden zwischen Frauen, die in reiche Seidengewänder gehüllt waren: magentarot, hellrot, smaragdgrün, rosa, ocker und lavendelblau. Die Braut war ganz in Rot und Gold. Durch das Fenster konnte ich den Schnee fallen sehen, aber ich fühlte mich innerlich ganz warm und belebt von all der Farbe, so als säße ich in einem Juni-Garten.

Am nächsten Tag trat die frühe Morgensonne hell und stark hervor und warf eine Schattenschrift über den Schnee: die beinahe quadratischen Gittermuster des Drahtzauns vor der funkelnden Wiese, und die kräftigeren

Striche der Baumstämme. Ich liebe Schatten, nicht wegen ihrer düsteren Tiefe, sondern weil sie von der Sonne sprechen, die die Welt erleuchtet. Es sind die schattenlosen Tage mit den trostlosen, bleigrauen Himmeln, an denen mir die Kälte am meisten zu schaffen macht.

Und doch gibt es grandiose Momente. Als der Schnee zu fallen anfing, habe ich die gelben Kätzchen an den Haselnuss-Sträuchern fotografiert, die alle vorzeitig aufgegangen waren und jetzt in Schnee gehüllt sind. Ich habe die feurigen Zaubernussblüten mit ihren Schneemützen fotografiert. Eines Abends, in unserer holzbeheizten heißen Wanne, habe ich zu dem Hartriegel hochgeschaut und musste an die Neujahrsfeiern in Japan denken. Die runden Schneehäufchen in den Astgabelungen sahen genauso aus wie die klebrigen Reisbällchen, die zum japanischen Neujahrsfest als Glücksbringer an die Zweige gesteckt werden.

Der Schnee hat den Bäumen zu schaffen gemacht. Mehrere große Äste sind von einem unserer anmutigsten Weißdornbüsche abgebrochen, und ich musste die Haselnuss-Sträucher befreien, die alle heruntergedrückt und eingeschlossen waren. Die Weißdornbeeren und Haselnusskätzchen haben den Schnee eingefangen und konnten ihn nicht abschütteln. Ich war fasziniert, wie gut die immergrünen Pflanzen dafür geschaffen sind, den Schnee zu halten und dann sanft abrutschen zu lassen. Im Wald stand ich in Schneemulden, die sich unter den Zedernzweigen gebildet hatten. Sie würden ideale Schlafplätze abgeben, trocken und geschützt.

Gestern bin ich wieder in den Wald hinter dem Haus gegangen, in eine Welt von Abdrücken und Spuren. Ich sah Rotwildspuren, die zugeschneit, aufgetaut, dann wieder neu eingetreten waren, bis sie ganz verzerrt aussahen – Expressionismus statt Reportage. Auf dem Weg, der durch das Tor zum Teich führt, haben die Gänse immer und immer wieder ihre Abdrücke hinterlassen, so dass es aussieht, als fände hier eine Völkerwanderung auf einem Gänse-Highway statt. Überall auf dem verkrusteten Schnee liegen winzige Samen herum – vielleicht von der Douglas-Tanne –, absichtslos hingestreut, so unendlich zart. Es war ein Gefühl, als sei etwas, das immer verborgen war, plötzlich sichtbar geworden. Ein Geschenk.

Morgen ist Tu B'Shevat, das Neujahr der Bäume. Es ist ein weniger bedeutender jüdischer Feiertag, der seine Blütezeit im Mittelalter hatte. Er wird mit einem besonderen Mahl begangen, bei dem vier Gläser Wein getrunken werden: das erste ganz weiß, das zweite weiß mit ein paar Tropfen Rot, das dritte rot mit ein paar Tropfen Weiß und das letzte ganz rot. Zu jedem Glas Wein wird eine große Vielfalt von Früchten verzehrt: zuerst Früchte und Nüsse mit harten äußeren Schalen, dann Früchte mit hartem innerem Kern, dann Früchte, die ganz gegessen werden können, und schließlich, mit dem roten Wein, die Essenz der saftigsten Früchte, die man nur in der Vorstellung trinkt. Wir werden ein paar Freunde einladen und Baumgeschichten erzählen. Es gibt ein jüdisches Sprichwort: »Wenn du einen Baum pflanzen willst und du hörst den Messias kommen, dann pflanze zuerst den Baum, und dann geh dem Messias entgegen.«

Als Einstimmung für die Baumgeschichte, die ich erzählen will, habe ich die junge Kiefer besucht, die hier wunderbarerweise vor sechs oder sieben Jahren aufgetaucht ist. Ich sehe sie als Nachfahren der riesigen Weißkiefer an, die vor meinem Kindheitsfenster wuchs. Ich weiß noch, wie ich auf jene andere Kiefer hinaufgeklettert bin, so hoch ich konnte, und von ihren untersten Zweigen in die Blätterhaufen gesprungen bin, die wir darunter aufgetürmt hatten. Jene Kiefer damals war für mich Himmel und Geborgenheit. Die kleine Kiefer heute ist Hoffnung und Beständigkeit. Ein paar Schneeklumpen hingen noch an ihren Zweigen, aber zum großen Teil hatte sie sich freigeschüttelt.

Ich habe die Samenkataloge auf einem Stapel bereit liegen, damit ich nicht vergesse, meine Bestellungen zusammenzukriegen. Eine Freundin und ich haben Gourmetsamen aus Kalifornien bestellt. Ich führe nicht Buch darüber und kann mich jetzt nicht mehr erinnern, was ich noch brauche. Aber ehrlich gesagt bin ich sowieso kein Samenkatalogfan. Ich hasse es, in der Kälte draußen im Garten zu arbeiten, also warte ich, bis der Boden sich aufwärmt und ich die Sonne in meinem Rücken spüren kann – dann ist Gartenarbeit für mich wie ein Erholungsurlaub auf einer einsamen Insel. Das Ganze ist ohnehin nur ein Glücksspiel, denn es kommt oft vor, dass den unerschrockeneren Gärtnern die Erbsen im noch zu kalten Boden verrotten.

Die Eisenhut-Stauden unter dem Birnbaum sind alle in voller Blüte. Selbst als alles in Schnee gehüllt war, haben sie ihn irgendwie abgeschüttelt und geleuchtet wie kleine Sonnen. Ich frage mich, ob sie so etwas wie innere Wärme abgeben.

Ich kann deinen Psychokrieg mit der Zypressenhecke gut nachfühlen. Vielleicht solltest du ein paar ausgefallene Muster hineinschneiden: Herzen und Rauten, Vögel und Tiere, umgekehrte Baumschneidekunst sozusagen, poetische Fenster, die die Sonne zurückholen. Oder du vergoldest die Hecke, so dass sie Licht und Wärme abgibt, und schaffst so eine Mini-Äquatorial-Zone. Du könntest sie natürlich zurückstutzen, so dass nur die Stümpfe als Sockel übrig bleiben, und darauf stellst du Wannen mit wildem Wein, der in die Zypressenzweige hineinrankt und mit ihnen im Wind tanzt. Es muss schon spät sein – ich fange an zu halluzinieren!

Pass auf dich auf, halte dich warm, häng Regenbogenschals an die Decke und färbe deine ganze Unterwäsche in exotischen Edelsteinfarben. Und denk daran, was immer wir auch tun oder nicht tun, die Tage werden länger, und wenn wir Glück haben – nur ein kleines bisschen Glück –, werden wir alle bald die Sonne wieder spüren!

Alles Liebe, Dorothy

CAROLS TAGEBUCH

Cheryl, meine Krankengymnastin, ist letzte Woche wieder gekommen. Sie hat festgestellt, dass meine Anstrengungen Früchte tragen. Die meiste Zeit haben wir über das gesprochen, was ich schon mache, und ihr Rat war, dass ich erst mal mit

diesen paar Dehnungen und Übungen weitermachen soll, bevor ich etwas Neues in Angriff nehme. Sie begreift allmählich, was das Chronische Müdigkeitssyndrom dem Körper antut, aber sie denkt immer noch in »normalen« Kategorien, wenn sie sagt: »Sie müssen mehr üben, dann haben Sie auch mehr Energie.« Ich habe es so satt, die Leute zu erziehen, die eigentlich mich betreuen sollten. Ich könnte, wenn ich die Energie dazu hätte, meine Berge von Artikeln über das Chronische Müdigkeitssyndrom durchackern und die, in denen es um Energie und Bewegung geht, heraussuchen, aber es würde mich so anstrengen, und ich bezweifle, ob sie es überhaupt lesen würde. Also höre ich ihr zu und hole mir heraus, was ich kann. Cheryl findet es seltsam, dass ich bei dieser Verletzung nicht unter ärztlicher Überwachung stehe, zumal bei meiner vorausgegangenen Krankengeschichte, aber ich habe mittlerweile festgestellt, dass alle jüngeren, gesünderen Menschen unrealistische Vorstellungen davon haben, was Ärzte tun.

Niemand weiß, was man mit mir machen soll, weil es keine einfachen Antworten gibt. Niemand weiß, was man überhaupt mit Menschen machen soll, die unter dem Chronischen Müdigkeitssyndrom leiden, außer dass man ihnen hilft, sich ihre Bewegungsfähigkeit so gut es irgend geht zu erhalten, und dass man ihnen rät, sich viel Ruhe zu gönnen, in einer ruhigen und friedlichen Umgebung zu leben, jeglichen Stress zu vermeiden usw. Selbst ein »normaler« Mensch wüsste mit einer Rückgratverletzung, wie ich sie habe, nicht, was er tun sollte. In solchen Fällen ist die vorherrschende Meinung, dass man Übungen machen, die Muskelspannung aufrechterhalten und darauf warten soll, dass die Natur sich selber hilft. Chirurgische Eingriffe nützen oft gar nichts. Ich muss Übungen und Dehnungen machen, soweit es meine durch das Chronische Müdigkeitssyndrom stark eingeschränkten Möglichkeiten erlauben. Ich brauche Monate, um körperliche Fortschritte zu erzielen, die ein anderer Mensch in zwei Tagen erreicht. Für mich ist es die einzige Alternative, weil ich eine Operation nicht verkraften könnte.

Gestern, also neunzig (!) Tage nach meiner Rückenverletzung, bin ich in die Stadt zu meiner Ärztin gefahren. Sie sagte: »Oh, Sie bewegen sich aber schon viel besser, als ich es für möglich gehalten hätte!« Ich sagte: »Es sind drei Monate her, und wir haben unser ganzes Leben umorganisiert und auf diese Verletzung und meine Krankengymnastik eingerichtet, nur damit ich wieder kräftig genug werde, um hierher zu kommen. Das konnte ich nicht, solange es mir schlechter ging.«

Der Besuch bei ihr hat mich so überanstrengt, dass ich heute Morgen immer noch unter den Nachwirkungen leide. Ich habe mich so aufgeregt, dass ich die ganze Zeit nicht in Behandlung war – ihr sichtliches Desinteresse, bis ich zu ihr in die Praxis gekommen bin.

Sie hat mich gefragt, ob ich einen Behinderten-Parkausweis hätte, und als ich verneinte, meinte sie, sie würde mir einen ausstellen. Sie füllte auf der Stelle ein Formular aus, und das war's dann. Es wird eine Erlösung für uns sein. Wenn wir einkaufen gehen, setzt Ron mich normalerweise an der Ladentür ab, aber ich habe dann meinen Rollstuhl nicht, bis er einen Parkplatz gefunden hat und ihn herbringt. Das erste Mal, als wir in dem Eis und Schnee ins Einkaufszentrum gefahren sind, hat er mich am Eingang herausgelassen, und mir war so schwindlig, dass ein Paar herbeigestürzt kam und die Tür aufmachte; sie haben mich angeschaut, als ob ich betrunken wäre. Zum Glück hatte ich meine Rückenstütze an, was auch zu sehen war. Ich bedankte mich bei ihnen und sagte: »Bin zum ersten Mal wieder draußen nach einer schlimmen Rückenverletzung.« Interessanterweise ist es mir furchtbar wichtig, dass die anderen Leute mich für »normal« halten, dass ich in ihren Augen okay bin.

17. FEBRUAR *Regnerisch und mild*

Liebe Dorothy, die Tage und Nächte der vergangenen Woche, so frühlingshaft und warm, haben fast alle Erinnerungen an das schlechte Wetter vertrieben, unter dem wir vorher zu leiden hatten. In einer Woche herrscht hier die Arktis, dann ist wieder Frühling. Das ist das Wunderbare an unserer Küste. In mir regt sich langsam das Gefühl, dass ich einen unsichtbaren

Berg überwunden habe. Dank meiner hausgemachten Physiotherapie (Swimmingpool, Spazierengehen, Dehnungsübungen und ständige Überwachung meines Rückens) verblasst der Horror der letzten drei Monate allmählich. All diese Veränderungen zum Guten haben sich innerhalb von Tagen ergeben – und während die Zypressenhecke gekappt wurde.

Seit ich dir das letzte Mal geschrieben habe, habe ich eine neue Kampagne gestartet, um endlich durchzusetzen, dass die Hecke auf die ursprünglich vereinbarten zwei Meter zurückgeschnitten wird. Wieder bin ich auf dasselbe Unverständnis gestoßen – ein passiver Widerstand, der mir schleierhaft bleibt. Ron hat die Hecke zwar gestutzt, aber ohne Rücksicht auf Form oder Funktion, sondern nur seinen eigenen inneren Kämpfen mit der Welt gehorchend. Sie sah aus wie der Kopf eines Punkers. Ich habe noch mehr Überzeugungskraft, gesunden Menschenverstand und messerscharfe Logik (oder was ich dafür hielt) in die Waagschale geworfen. Die Hecke wich keinen Millimeter, und als ich schließlich meine ganze Munition verschossen hatte, holte ich als letzten Trumpf, meine Geheimwaffe sozusagen, meinen letzten Brief an dich hervor. Ron lachte, und ich weinte. Er sagte: »Schreiben kannst du, das muss man dir lassen – du würdest sogar Hitler zum Weinen bringen.« Als ich von meinem Mittagsschlaf erwachte, war die Hecke beinahe fertig – massive Schnitte, Stämme wie kleine Bäume auf dem Boden.

Ich dachte, ich müsste jetzt glücklich sein, und ich bin auch zufrieden, aber ein Sieg war es nicht. Am dritten Tag dieser extremen Warmwetterperiode bin ich in hellem Sonnenlicht zu dem Teil der Wiese hinausgegangen, der bisher von der Hecke überschattet gewesen war, und die Frostschwellen waren immer noch da, das Eis knirschte unter meinen Füßen. Warum konnte ich mich nicht schon eher durchsetzen? Ich denke, die Hecke spiegelte zu stark die dunklen Seiten meiner eigenen Vergangenheit wider.

Es geht mir genau wie dir, Dorothy – ich kann mich auch nicht für Samenkataloge begeistern. Ich glaube, ich wusste nicht einmal, dass es so etwas überhaupt gibt, bevor ich in Kanada eingewandert bin. Meine erste und einzige Erfahrung damit hatte ich, als ich nach Briarwood zog. Ich habe ein paar Ligusterhecken bestellt (zusammen mit anderen Pflanzen), weil ich gelesen hatte, wie wunderbar sie seien und wie schnell sie wachsen würden. Was schließlich im Juni von einem Versandhaus in Ontario bei mir eintraf, war ein Witz. Ich glaube, die zur Bonsai-Größe verkommenen ersten Ligusterhecken leben in Briarwood weiter, als ein inzwischen ein Meter hoher, struppiger Schandfleck. Ich weiß, dass es an meiner eigenen Unwissenheit lag: Ich habe Sachen von einem Versandhaus im Osten bestellt, ohne mir Gedanken über unser Klima oder die Bedürfnisse der Pflanzen zu machen. Und ich bin auf die verführerischen Farbfotos hereingefallen und habe mich von den vielen »Gratis-Zwiebeln« verführen lassen, die im Katalog angeboten wurden. Ach ja, und der wunderbare Spargel, den sie mir geschickt haben – ein Dutzend winzige Jungpflanzen, verschrumpelt und vertrocknet und von vornherein zu einem Kümmerdasein verurteilt. Ein paar Jahre später habe ich mein eigenes Spargelsaatgut gepflanzt, mehr als dreihundert, und sie sind hochgeschossen wie das Unkraut, das sie ja eigentlich sind. Tatsächlich habe ich später herausgefunden, dass man Spargel in normaler Bodenhöhe aussäen kann wie die meisten anderen Pflanzen – man braucht keine Schützengräben dafür auszuheben. Wenn der Spargel erst etabliert ist, breitet er sich von allein aus, und die wild wachsenden Pflanzen sind wunderbare Geschenke für Leute, die meinen, es sei schwierig, Spargel anzubauen.

Seit die Sonne herausgekommen, die Hecke gefallen und mein Körper ein bisschen beweglicher geworden ist, habe ich meine Gartenpläne neu überdacht. Ich werde nur Sachen pflanzen, die keine Pflege außer Gießen brauchen. Ich werde alles pflanzen, was sich interessant anhört. Ich werde

meine Gärtnerfreunde um ein paar Samen aus ihren Päckchen bitten und diese in einem Topf auf der Terrasse oder in einem bereits bestehenden Beet ziehen. Ich habe schon damit herumexperimentiert, einen langen Stock in die Erde zu bohren. (Oh ja, das zumindest kann ich!) Ich werde einen Plan von dem bepflanzten Teil unseres Gartens machen und alle Samen, die ich in den Boden stecke, kennzeichnen.

Ron hat sich ohne Zögern bereit erklärt, mir ein Bett auf Rädern für den Garten zu machen. Ich hätte schon seit Jahren eins haben sollen, aber ich habe mich mit einem Liegestuhl auf der Terrasse begnügt. Jetzt bekomme ich so etwas wie ein Schubkarrenbett, mit einer Vorrichtung, in der ich meinen Gartenschirm, mein Lesematerial, meine Zeichenblöcke, mein Schreibzeug und eine Tasse Tee unterbringen kann. Ich sehe mich schon als »Frau Freizeit«, einen verrückten Gartenhut auf dem Kopf und mit einem spitzen Stock und Adleraugen bewaffnet, wie ich über den Garten und die Vögel wache. Vielleicht werde ich den Schirm und meinen Hut mit Blättern ausstaffieren, dann halten mich die Vögel für einen Busch.

Dieses Jahr werde ich Violett tragen und mich in ausgefallene Gewänder hüllen. (Die Nachbarskinder finden, dass ich das jetzt schon tue.) Ich habe alles, was ich trage, mit der begrenzten Auswahl an leuchtenden Farben aus den Billig-Päckchen gefärbt, die ich im Dorfladen gekauft habe: violett, blau, burgunderrot und grün. Ich benütze »Damenhandschuhe« von der Heilsarmee für die Gartenarbeit, und auch die werden Bekanntschaft mit dem Färbetopf machen. Wenn ich schon dieses Jahr nicht so viele Blumen pflanzen kann, will ich mich wenigstens in meine liebsten Blumenfarben hüllen. Vielleicht ist das auch meine Art, mich aufs Großmutterwerden vorzubereiten. Für das Kind, das bald kommen soll, werde ich dann die »lila Dame mit dem Gartenbett auf Rädern« sein. Und bei der Gelegenheit frage ich mich, wie wohl meine eigene, rundliche, graue Oma war, bevor ich am Ort des Geschehens aufgetaucht bin.

Ron hat viele orange Goldfische im Teich entdeckt, die Babys, die die letztjährige Attacke des großen Blaureihers überlebt haben. Jetzt sind sie groß, leuchtend und gut sichtbar. Ach, wenn sie doch irgendwie stumpfbraun und vor dem Reiher verborgen bleiben würden! Sie sind gewachsen, trotz des ständigen Zulaufs von dem neuen Abzugsgraben im Obstgarten – haben also entgegen allem, was in Teichbüchern empfohlen wird, überlebt.

Die Geißblattsträucher schlagen aus und liefern das erste richtige Frühjahrsgrün im Garten. Einstweilen haben wir immer noch den durchdringenden Duft des Ziertabaks, den ich im letzten Herbst auf den Fenstersims hereingeholt habe. Mit meterlangen Stängeln, die in die Blätter der großen Jadebäume hineintreiben, lebt er fröhlich weiter und erfreut uns allabendlich. Er hält die Hoffnung auf den Frühling wach und auf den Duft des Geißblatts, des Flieders, der Glyzinien, Maiglöckchen und Schwertlilien.

Am nächsten sonnigen und warmen Morgen werde ich vielleicht den Mumm aufbringen, zum Bienenstock hinauszugehen. Unser Freund meint, dass möglicherweise eine Handvoll Bienen überlebt hat und an einem warmen Tag zum Vorschein kommt. So ein Optimist! Ich fürchte mich davor, es herauszufinden. Vielleicht gehe ich nie wieder hin und stelle mir einfach vor, dass es ihnen gut geht.

Alles Liebe, Carol

1. MÄRZ

Liebe Carol, ich fühle mich schwindelig und desorientiert. Die rosa Knospen an den Zweigen der Japanischen Aprikose, die ich ins Esszimmer hereingezwungen habe, rufen mir entgegen, dass die Jahreszeit sich ändert, unaufhaltsam ändert, aber noch vor ein paar Tagen habe ich die Eishüllen von den Zweigen der schlafenden Rosen geknabbert und die knisternden Splitter in meinem Mund schmelzen lassen. Es ist ein ständiges Wechselbad zwischen tropisch und arktisch, und ich warte auf eine stabilere Wetterlage. Wir haben im Moment die rote Jahreszeit: Die kahlen Bäume, die eigentlich stumpf in ihrer Kargheit sein müssten, leuchten. Lassen sie ihre Säfte in froher Erwartung steigen, oder rührt der Glanz von ihrer Wut und Erbitterung her, dass sie so lange in der Kälte ausharren mussten?

Die Hofgänse schreien in der Nacht und rotten sich in ungebärdigen Horden unter der Stall-Lampe zusammen. Es ist Paarungszeit. Letzte Woche liefen sie herum wie auf einem Highschool-Pausenhof, die Ganter scheuchten ihre auserwählten Weibchen vor sich her, und die Weibchen hielten demütig ihre Schnäbel unten. Ich habe mir überlegt, ob ich ihnen Schulblazer mit Monogrammen machen soll, damit sie ihrer Rolle noch besser gerecht werden. Diese Woche geht es rauer zu. Die Paare führen in jeder verfügbaren Pfütze ihren Tanz auf, ein schlangenartiges Hochschrauben der Hälse, dann steigt der Ganter auf, und sofort kommt ein anderer Ganter, der sichergehen will, dass er der alleinige Erzeuger von allem ist, packt den sich paarenden Ganter an den Flügeln und zerrt ihn herunter. Der Hund dreht fast durch.

Letzte Woche habe ich auf meinem üblichen Rundgang gesehen, dass der Wind Moosklumpen aus den Bäumen gerissen hat. Es handelt sich um Evernia prunastri, eine von zwei heimischen Flechtenarten, die, in Ammoniak fermentiert, einen fuchsienroten Farbstoff abgibt. Ich habe die Klumpen aufgesammelt, weil ich mir dachte, ich könnte sie vielleicht auf Papierfaser ausprobieren. Als ich mich hinkauerte, um sie aufzuheben, entdeckte ich ganz frische junge Nesselsprosse, die gerade erst aus dem Boden gekommen waren – beinahe Zeit für Brennnesselsuppe.

Aber kaum einen Tag später waren die Schneeglöckchen wieder ganz in Eis gehüllt und sahen aus wie umgekehrte Laternen in einem Eiskönigreich-Märchen. Diese krassen Gegensätze halten mich in einem Zustand quälender Verwirrtheit, so dass ich abwechselnd Vertrauen schöpfe und mich einer wärmeren, sanfteren Welt öffnen will, nur um dann schleunigst einen Rückzieher zu machen und mich hinter dem Holzofen zu verkriechen. Die Sonne ist so warm und hell und aufmunternd um die Mittags-

zeit, aber das Dach des Hühnerhauses ist immer noch weiß und fleckig, und an geschützten Stellen in der Einfahrt liegen Schneehaufen. So, jetzt weißt du Bescheid: Ich bin nur eine Gut-Wetter-Freundin, und ich ziehe gegen die Unerbittlichkeit dieses Winter-Reiches zu Felde.

Herzlichen Glückwunsch zur Zähmung der Hecke. Seit ich angefangen habe, das hier zu schreiben, noch in aller Frühe, ist die Sonne hochgekommen und strahlt so hell, dass mein Frust sich in Luft auflöst. Wie immer habe ich zu viel zu tun und zu wenig Zeit. Die vier Perlhühner grasen friedlich vor meinem Arbeitszimmer, wie langsam vorrückende Steine, nur hin und wieder geht ein rotgekrönter Kopf in die Höhe und verrät sie.

Alles Liebe, Dorothy

19. MÄRZ

Liebe Dorothy, dieser Winter war einfach zu lang und zu traurig. Meine niedergedrückte und nachdenkliche Stimmung hat verschiedene Ursachen, die alle zusammenspielen: meine Rückenverletzung und die damit verbundenen erheblichen körperlichen Einschränkungen, das unerbittlich kalte Wetter; der Tod oder die schwere Krankheit so vieler naher weiblicher Verwandter und Freundinnen in letzter Zeit.

Der harte, kalte Winter, auf den jetzt ein widerstrebender Frühling folgt, macht mich ganz schwindlig vor Erinnerungen. So viele Pflanzen in meinem Garten bergen Erinnerungen an die Menschen, die sie mir gegeben haben oder nach denen sie benannt sind: Ruths Flieder, Nora, Evie, eine Seerose, die sich inzwischen in drei aufgeteilt hat, und »Die drei Gesichter von Eve, Mary, Dorothy« heißt, die »drei Schwestern«, Frederick, Ulysses. Einige sind nach Tieren oder Orten benannt: der Ziegen-Apfelbaum, der Pferde-Apfelbaum, das Vogelfenster, der Bienenbaum, der Holzpfad-Apfelbaum, der Vogelstrauch. Vor jeder Pflanze, an der ich vorbeikomme, rezitiere ich ihre Geschichte: »Du kommst von dem alten Siedlerhof auf dem Malahat – ihr seid Nachfahren unserer Pioniere vor hundert Jahren.«

Und: »Ihr seid die Pflanzen, die wir gerettet haben, als die Bulldozer durch die Mill Bay gekommen sind.« Menschen mögen uns verlassen, aber die Pflanzen bleiben als lebendiges Zeugnis für die Kontinuität des Lebens bestehen, Jahr für Jahr halten sie die Hoffnung wach und helfen uns, unsere eigene Geschichte wiederzuerleben.

Diese Gedanken wecken frühere Erinnerungen in mir, die mit Pflanzen zu tun haben. Als ich etwa elf Jahre alt war, zog meine Familie von Centralia nach Springfield, Illinois, zurück. Wir lebten in einer gemieteten Doppelhaushälfte draußen am Stadtrand, in unmittelbarer Nachbarschaft zu einer großen, geheimnisvollen Wildnis, die fast bis an unser Haus reichte. Es gab dort eine riesige Bodensenke, voll mit Bäumen, und überall an den Rändern herum waren die Bäume mit Kletterpflanzen bewachsen. Ein paar von den Ranken waren so lang, dass sie bis zu den Wipfeln und wieder herunter reichten, und sie hingen dort, als ob sie nur auf mich warteten. Sie waren kräftig genug, dass wir problemlos darauf schaukeln konnten, und das taten wir auch und schwangen uns über die Klippe hinaus wie Tarzan. Mitten in diese Wildnis schmiegte sich eine kleine Hütte, die in ewigem Schatten lag, fast ganz von wucherndem Unterholz eingeschlossen. Es hieß, dass dort eine Hexe lebte, und obwohl ich sie nie sah, hatten mir die Geschichten genügend Angst eingejagt, dass ich mich fernhielt.

Auf der Hochfläche am Rand der Senke war ein Fleck mit wunderschönen Blumen: Sie waren etwa so groß wie gewöhnliche Veilchen, hatten aber die Färbung von Stiefmütterchen. Ich, die einsame Forscherin bzw. Botanikerin, nannte sie »Stiefveilchen«, ein Name der mir bis heute geblieben ist. Ich war fasziniert von diesen Pflanzen, die mir so fremd waren und so geheimnisumwittert – wegen der Stelle, an der sie wuchsen. Insgeheim fürchtete ich, dass die Hexe sie vielleicht anpflanzte, und so näherte ich mich ihnen mit klopfendem Herzen und »dünnte« sie erst nach und nach aus. In der Nähe unseres sterilen Reihenhauses häufte ich Steine und Erde

auf und pflanzte die Stiefveilchen ein. Erst über dreißig Jahre später bekam ich das nächste Mal »Stiefveilchen« zu sehen, und zwar auf dieser Insel. Es sind hier ganz gewöhnliche wilde Stiefmütterchen, die wie Unkraut wachsen. Mein Herz klopfte so heftig, dass es beinahe wehtat, als ich sie wiedersah. Ich betrachte sie immer noch mit meinen Kinderaugen und fliege wie damals auf meiner Schaukel in den Ranken dahin.

Von diesem gemieteten Haus zogen wir in ein anderes Haus, das meine Eltern kauften, ein kahler Vier-Zimmer-Wohnkasten, der gefährlich nahe an einem vierspurigen Highway klebte. Woran ich mich sehr gut erinnere, sind die frühmorgendlichen Spaziergänge, die ich mit meiner Mutter zu dem kleinen Bach hinunter machte, der von dem Highway gekreuzt wurde. Am Rand des Bachs war ein Busch, unter dem Unmengen von Veilchen wuchsen. Ich kann keine Veilchen sehen, ohne dass ich an meine Mutter denke, an jene Spaziergänge mit ihr und unsere langen, vertraulichen Gespräche, die so wichtig für mich waren. Jetzt, fast ein halbes Jahrhundert später, lebe ich auf unseren zwei Morgen mit wilden Veilchen in zahllosen Farben – duftende in Lila, Rosa, Weiß, darunter sogar leicht gestreifte Varietäten, und dann die nicht riechenden gelben, die erst nach den lilafarbenen blühen. Nach Mutters Schlaganfall habe ich ihr jedes Jahr Sträuße davon aus dem Garten geholt. Ich war die Bewahrerin unserer Veilchen-Erinnerungen, nachdem sie ihr in jenem stummen Bruchteil einer Sekunde geraubt worden waren, in dem eines ihrer Blutgefäße platzte.

Als ich in einer anderen Schachtel mit alten Fotos herumkramte, fiel mir ein vergilbtes altes Schwarzweißfoto von meinem Kaktusgarten ins Auge. Es war 1957 oder 1958, und wir lebten in El Centro, Kalifornien, einer Grenzstadt, die bei den Einheimischen »Höllenloch der USA« heißt, weil sie ein gutes Stück unter dem Meeresspiegel liegt und die Sommer dort unglaublich feucht und schwül sind. In dem kleinen Landstück neben dem Wohnwagen, in dem wir lebten, grub ich einen runden Garten und pflanzte sämtliche Kakteenarten aus dem umliegenden Wüstenland hinein, die mir gefielen. Ich brachte den Sand aus der Wüste mit. In dem Sommer, bevor ich meinen ersten Sohn zur Welt brachte, musste ich flüchten, weil mich die Hitze so krank machte. Als ich aus Illinois zurückkam, stellte ich fest, dass mein Mann sich »um den Garten gekümmert« hatte, das heißt, er hatte ihn häufig gegossen. Meine Kakteen waren verfault.

Ich habe ein Foto von Mutter, wie sie hier, auf meiner Terrasse, im Rollstuhl sitzt und hinuntergreift, um die verwelkten Blüten der Petunien in einen Kübel zu zupfen. Sie sagte zu mir: »Sie wachsen besser, wenn du sie daran hinderst, in Samen zu schießen.« Es ist interessant, dass wir diesen Ausdruck in negativer Form verwenden, als Bezeichnung für eine Frau, die ihre Jugend hinter sich gelassen hat.* Aber wenn eine Pflanze in Samen schießt, hält sie die gesamte genetische Information in sich bereit und ist fähig, sich wieder zu erneuern – und ältere Frauen besitzen einen großen Schatz an Weisheit und Erfahrung.

Ron versetzt die Schwertlilien und jätet Unkraut. Er ist gerade hereingekommen und hat mich gefragt: »Macht das dein Herz glücklich?« Meine Kehle ist wie zugeschnürt, so sehr rührt es mich, dass er das für mich tut. Ich erinnere mich, von wie vielen verschiedenen Orten diese Schwertlilien kommen und wie liebevoll ich sie gepflegt habe. Ich kann immer noch zu jeder von ihnen sagen: »Du bist aus Suzannes Garten zu mir gekommen, in dem Jahr, in dem ich ihr geholfen habe, ihre Schwertlilien auszudünnen.« »Du bist beim Ausdünnen im Mill Bay Center abgefallen.« Es sind nicht einfach Pflanzen von einem Mischsortiment aus der Gärtnerei. Jede von ihnen hat eine Geschichte, die zugleich meine Geschichte ist.

Alles Liebe, Carol

* Auf Englisch »go to seed«, was bedeutet: seine besten Tage hinter sich haben, auf dem absteigenden Ast sein, A. d. Ü.

FRÜHLING

27. MÄRZ

Liebe Carol, dein Brief hat mich sehr berührt, besonders die Gedanken an deine Freunde. Ich habe gestern oder vorgestern entdeckt, dass der Hartriegel, den ich gepflanzt habe, als Rudys Mutter starb, bereits Blüten angesetzt hat, die nur darauf warten, aufzugehen. Es ist ein Koreanischer Hartriegel mit kleinen sternförmigen Blüten, die von einem zerbrechlichen Geflecht von Zweigen getragen werden. Das wird jetzt seine zweite Blüte sein. Ich finde es nur gerecht, dass er eine so mühelose Körperlichkeit zur Schau trägt – als ein Geschenk oder eine Wiedergutmachung für die zerstörerische Arthritis, mit der Nelly viele Jahre zu kämpfen hatte.

Wie immer war ich von den Gartenerinnerungen aus deiner Kindheit beeindruckt. Obwohl meine Mutter in der ganzen Zeit, in der ich heranwuchs, einen Garten hielt, habe ich mich sehr wenig dafür interessiert. Ich höre sie noch sagen, dass ich eines Tages auch Spaß am Gärtnern haben würde, und sie hat Recht behalten, obwohl ich eine ziemlich chaotische Gärtnerin bin. Als Cicely noch ganz klein war, habe ich sie immer in den Gemüsegarten gelockt, wenn ich die frisch angepflanzten Beete gejätet habe. Sie hatte ein wunderbares Buch mit dem Titel *Shrewbettina's Birthday* (»Shrewbettinas Geburtstag«), und ich erzählte ihr, ich hätte gesehen, wie Shrewbettina sich gerade unter einem Blatt versteckte. Es funktionierte eine Zeitlang, aber bald fand sie die Wahrheit heraus. Ich gab ihr einen gelben Plastikeimer, und sie hockte sich in die Dauerrabatte und sammelte Würmer hinein, die für sie Mama, Papa und die Kinder waren. Damit war sie eine Weile beschäftigt. Später habe ich spezielle Samenpäckchen für Kinder bestellt, Blumen- und Rettichmischungen. Wir kauften ihr den schönsten Smith-and-Hawken-Kinderrechen, den wir finden konnten. Nichts fesselte sie wirklich. Sie lag lieber jeden Tag in der Hängematte, mit oder ohne Buch. Im Juli war sie natürlich glücklich, wenn sie die Erbsenstauden plündern konnte, aber sonst schaffte sie es immer, einen Bogen um den Garten zu machen, außer wenn ich sie Petersilie oder Schnittlauch holen schickte. Ich sage mir, dass ihr die Gartenarbeit Spaß machen wird, wenn sie älter ist. Ich finde es sehr wichtig, dass solche Dinge von Generation zu Generation weitergegeben werden.

Die Nächte sind immer noch frisch und mit einigem Glück die Morgen kristallklar. Es ist Magnolienzeit. In diesem Frühling habe ich die Magnolienknospen gestreichelt – die großen, geschwollenen der Magnolia soulangiana und die kleinen, kompakten der Magnolia stellata. Alle sind sie grau, mit einem sanften Flaum wie ein geschmeidiges, glattes Katzenfell. Ich dachte, sie würden sich stachlig oder rauh anfühlen, aber sie sind ganz samtig. Jetzt, wo die Tage wärmer werden, kommt allmählich das Rosaviolett der Soulangiana zum Vorschein – mehr wie ein Aufblitzen zunächst. Ihre Zaghaftigkeit erinnert mich an eine Badende, die das Wasser zuerst mit den Zehen prüft, dann ganz langsam ihr Kleid von den Schultern gleiten lässt, aber immer noch verhüllt bleibt. Ich warte auf den Augenblick, wo die Sonne warm genug ist, dass die Knospen alle Vorsicht in den Wind schießen und ihre üppigen Blütenkörper entfalten. Allerdings muss ich zugeben, dass es riskant ist. Wenn die Temperatur plötzlich sinkt, können sie leicht erfrieren und verschrumpeln. Es ist immer ein Vabanquespiel im Vorfrühling, und ich wünsche ihnen von Herzen nur das Beste.

Am vergangenen Wochenende haben Rudy und ich im Handumdrehen eine Arbeit gemacht, von der ich geglaubt hatte, dass sie langwierig und beschwerlich sein würde. Wir haben die Pflanzen in den Kästen zwischen dem Haus und den Ställen ausgegraben. Vor Jahren, als ich nicht aufgepasst habe, hat Rudy die Kästen mit einer grässlichen Erde gefüllt und das Ganze kaschiert, indem er obendrauf eine Handvoll guten Boden streute.

Jahrelang ist alles, was ich eingepflanzt habe, sofort verkümmert. Nun kann man sich fragen, warum ich nicht längst etwas dagegen unternommen habe, aber ich war schon immer groß darin, die Dinge hinauszuschieben, und mit der Zeit wurde die Arbeit immer mehr zu einem unüberwindlichen Berg für mich.

Meine Vorstellung ist, dass wir die Kästen hauptsächlich mit Heiligenkraut füllen, einer Pflanze, die fast das ganze Jahr über gut aussieht. Ich habe mir Ableger geschnitten, die auch angewachsen sind, und sie mit ein paar Primeln und den Zwiebeln, die schon in den Kästen waren, wieder eingesetzt. Die Stockrosen habe ich weiter hinaus in die Nähe des roten Schuppens versetzt, wo sie glücklicher sein oder verschwinden werden. Ich werde ihren hohen Wuchs und die Schatten vermissen, die sie auf die grüne Schuppenwand werfen, aber nicht ihre pockennarbigen, hängenden Blätter. Anscheinend gedeihen sie nicht in Kästen. Ich habe die Margeriten, die sich wie verrückt ausbreiten, an den Zaun zu den Rosen verbannt. In den Kästen sahen sie nur zehn Minuten lang gut aus. Wenn sie draußen überleben, freue ich mich darüber, wenn nicht, ist es auch in Ordnung.

Letzten Herbst habe ich einen Helfer engagiert, der mir bei meinem anderen Alptraum, der Dauerrabatte, zur Seite stehen sollte. Mein Rücken ist zu empfindlich. Wenn ich zu lange auf dem Boden knie und Unkraut jäte, komme ich hinterher nicht mehr hoch. Ich habe mich dazu gezwungen, immer nur einen Abschnitt auf einmal zu jäten, aber bis ich einmal durch war, hätte ich schon wieder von vorne anfangen müssen. Mein Helfer hat das meiste Unkraut und diverse Überbleibsel herausgeholt. Jetzt sind nur noch meine Lieblinge übrig: Pfingstrosen, Sibirische Schwertlilien und Taglilien. Ich bin mit Rudy in eine Gärtnerei gefahren, die auf einheimische Pflanzen spezialisiert ist. Ich habe Purpurweiden, Hartriegel, Indian Plum und Scheinspiere zwischen die anderen Sachen in die Rabatte gepflanzt. Sie müssten ziemlich pflegeleicht sein, wenn sie erst etabliert sind, und brauchen nicht so viel Wasser während der trockenen Sommermonate. Im Augenblick sieht es viel versprechend aus, aber das ist immer so bei frisch angepflanzten Beeten. Ich rechne mit einer baldigen Invasion der grässlichsten Unkräuter – Löwenzahn (den ich im Frühling gern esse, und ich mag sogar die Blüten, aber im Garten ist er eine Katastrophe), Butterblumen (die überall furchtbar sind) und Kletten (deren Wurzeln bis in die Hölle reichen) werden auftauchen. Wenn die neuen Sträucher sich wohl fühlen, werden sie alles überwuchern und ein Dickicht bilden, das ich zurückschneiden muss, damit ich wenigstens hier und da einen Blick auf die Pfingstrosen erhaschen kann, aber wie ich schon sagte, am Anfang ist alles Hoffnung und Sonnenschein, und ich bin glücklich.

Ich mag die Arbeit im Garten zu dieser Jahreszeit. Es macht mir Spaß, die toten Zweige abzuschneiden, und die Überreste der letztjährigen Triebe, die ich schon im letzten Herbst hätte kappen müssen, was ich aber nicht getan habe. Und ich liebe den Anblick der neuen Knospen, die kurz vor dem Aufplatzen sind. Die Japanischen Aprikosen und der Mandelbaum blühen jetzt in einem zarten Blassrosa. Nichts kommt der Vorstellung vom Paradies so nahe wie ein blühender Mandelbaum. Die Pfirsichbäume fangen an zu knospen. Die Kirschblüten sind kurz vor dem Aufplatzen. Heute morgen habe ich vom Fenster aus einen Erpel beobachtet, der seinen Scherenschnabel aufriss und dreimal quakte, so präzise wie ein Metronom. Bei jedem Quak stieg ein gänzlich unmechanischer Nebelhauch auf und schwebte in der Morgenstille.

Die Gartenarbeit ist wie ein ständiger Realitäts-Check. Ich habe endlose Visionen und nur ein begrenztes Maß an Kraft und Ausdauer, um sie in die Tat umzusetzen. Ein Königreich für ein paar Gartenhelfer! Die Narzissen, die ich letzten Herbst zwischen die Rosas rugosas gepflanzt habe, sind heraus – Dutzende von King Alfreds. Langweilig, aber nützlich. Die schönen Gemischten, die ich im Lauf der Jahre um die Terrasse und zwischen die Johannisbeeren gepflanzt habe, sind auf ein paar verholzte Blätter ohne Blüten zusammengeschrumpft. Nicht tief genug gepflanzt?

Nicht genügend Dünger? Irgendein unterirdischer Schädling? In meiner Vorstellung hätten sie sich längst zu wogenden weißen und gelben Blütenwolken ausbreiten müssen. Aber ich habe gelernt, dass ich mich nicht zu sehr auf meine Visionen versteifen darf; dass es besser ist, wenn ich mich auf viele kleinere Visionen beschränke und abwarte, wie sich meine Vorstellungen mit den Neigungen der Erde vertragen; und dass ich mich ansonsten einfach an den flüchtigen erfolgreichen Momenten erfreuen sollte.

Letzten Herbst habe ich eine wunderbare gelbe Pfingstrose aus der gefürchteten Dauerrabatte verpflanzt. Sie hat Wochen vor allem anderen geblüht, ein einsames Licht in einem sonst trostlosen Garten. Ich habe sie an die Hintertür zurückgepflanzt, wo ich andere Sachen halte, die in der Kargheit des ausgehenden Winters zu blühen anfangen. Die Blätter haben eine stumpf-violette Farbe, die wunderbar mit den rosa Blüten des Februar-Seidelbasts und den winzigen gelben Narzissen harmoniert, die in den letzten drei Wochen in Blüte gekommen sind. Und jetzt, Wunder aller Wunder, stelle ich fest, dass die Pfingstrose in diesem Frühjahr tatsächlich blühen wird. Die üppigen runden Knospen werden sichtbar, nachdem die Blätter sich jetzt strecken und lockern. Diese Pfingstrose habe ich von einer alten Freundin, Peg, die uns auch den wunderbaren, namenlosen Wein geschenkt hat. Gärten sind ein wahres Gedächtnismosaik – jedes einzelne Detail hat die Fähigkeit, ganze Schichten von Assoziationen in Bezug auf Menschen und vergangene Erlebnisse freizusetzen, ein solcher Schatz an Erinnerungen. Wie Prousts Madeleines.

Dein Brief und das Fahlgrau heute, nach mehreren Tagen mit klarem blauem Himmel, machen mich ein bisschen melancholisch. Es ist so schwer, lebendig und offen zu sein, sich selbst und der Erde gegenüber. Wenn ich sehe, wie sich die Blausterne und Veilchen jedes Jahr in immer weiteren Kreisen im Gras ausbreiten, bin ich dankbar, dass ich von lebendigem Wachstum umgeben bin und nicht von Betonklötzen. Ich denke, es ist ein geeignteteres Forum, um etwas über diesen verrückten Kali-Kreislauf zu lernen – von der erschaffenen Welt, die in Zerstörung übergeht und sich erneut der Schöpfung öffnet.

Alles Liebe, Dorothy

CAROLS TAGEBUCH

Ich bin die ganze Zeit total niedergedrückt wegen dieser »Rückengeschichte«. Ich habe die Befürchtung, dass ich außer der jüngsten Verletzung noch etwas Chronisches habe, das nie mehr normal werden wird. Ich kann meine Beweglichkeit nicht durch Übungen verbessern, weil mein Rücken so schnell ermüdet, dass ich mich unbedingt hinlegen muss. Immer wieder habe ich leichte Taubheitsgefühle/ Elektrizität/Brennen in meinem rechten Fuß, besonders in der großen Zehe und der Zehe daneben. Manchmal breitet es sich auch an anderen Stellen aus, jetzt sogar in meiner linken Wade.

Die Fahrt zu dem Rückenspezialisten am Donnerstag war eine der schlimmsten, die ich je erlebt habe. Er musste Manipulationen vornehmen, um die Verkrümmung in meinem Rückgrat zu korrigieren, und mein Körper wurde ziemlich durchgeschüttelt. Meinen Rücken hat es tatsächlich entlastet, so dass ich viel weiter zu meinen Zehen hinunterreichen konnte, aber um welchen Preis? Fünf Tage später ist der Dehnungseffekt, den ich direkt nach der Behandlung hatte, verflogen, weil ich so wund und steif von der Überlastung der Muskeln während der Prozedur bin.

Am Tag nach dem Arzttermin hatte ich einen totalen körperlichen Zusammenbruch. Es war beängstigend, fast wie die Schübe im Zusammenhang mit dem Chronischen Müdigkeitssyndrom früher, die ich inzwischen unter Kontrolle habe. Die Fahrt, die Behandlung, die Hitze, die anstrengende Unterhaltung, die Angst und das Misstrauen, das mich überkommt, wenn ich keinen Draht zu der Person habe, die mich behandelt – all das hat mich ganz schlimm heruntergezogen. Hinzu kommt noch, dass ich nicht die Zeit hatte, alle Fragen in Bezug

auf die Nachsorge, eventuelle Übungen und präventive Maßnahmen zu stellen. Ron und ich haben beschlossen, bis übernächste Woche zu warten, damit ich genügend Kräfte sammeln kann, um den nächsten Besuch zu verkraften.

Ich liege auf der Couch, mit der kleinen, neuen Tastatur auf dem Schoß und dem neuen großen Bildschirm, der auf einem Rollwagen steht, zusammen mit meinem Notebook und einer Tüte Backsteine, um dem Ganzen Halt zu geben. Alles total Hightech, ha ha ha. Ich schreibe an dem nächsten Gartenbrief für Dorothy. Ich bin mit einem Brief im Rückstand, wegen der Rücken/Bein/Fußtaubheit, die es mir unmöglich macht, einigermaßen bequem am Computer zu sitzen. Heute bringen wir die letzten Feinheiten an der ganzen Vorrichtung an, so dass ich auf drei Arten arbeiten kann: auf einem Stuhl oder in meinem Spezialsessel sitzend oder auf dieser Couch liegend, den Oberkörper leicht aufgestützt und mit einem Kissen unter meinem Kopf. Alle diese drei Möglichkeiten fordern meinem Körper einiges an Anpassung ab und setzen Muskeln voraus, die erst nach und nach aufgebaut werden müssen. Regelmäßiges Sitzen ruft eine ganze Reihe von Fußproblemen hervor, von taub werdenden Zehen bis hin zu Kribbeln, von totaler Taubheit und Kälte bis zu heftigem Brennen, was den Fluss der Kreativität, soweit ich sie mir attestieren kann, stark beeinträchtigt.

9. APRIL *Ein Frühlingsnachmittag*

Liebe Dorothy, da bin ich wieder – im Liegen, mit meinem neuesten Computer-Set bewaffnet. Es bedeutet, dass ich neue Körperhaltungen mit einer kleinen Tastatur auf meinem Bauch lernen muss, eine Feuerprobe für meine Blindschreibkünste. Wenn ich es hinkriege, dass das alles funktioniert, bin ich erheblich besser dran.

In diesem kalten, feuchten Frühlingswetter bin ich durch meine körperliche Misere darauf beschränkt, die Natur zu beobachten. Kein Beschneiden oder Unkrautjäten. Ich habe nur die Wahl, entweder aufzugeben oder Möglichkeiten zu finden, wie ich trotz dieser neuesten Beeinträchtigungen zurechtkomme. Ich habe jeden Tag nach Anzeichen für meine Drillingswachsblumen Ausschau gehalten, und voilà!, da sind sie endlich! Eine von ihnen war in den vielen Stürmen von heruntergestürzten Baumästen begraben worden, und so ist sie horizontal gewachsen und in Blüte gekommen. Du kannst dir denken, dass mich ihre missliche Lage tief berührt hat. Am nächsten Tag oder nach zwei Tagen bat ich Ron, sie zu befreien und genauer in Augenschein zu nehmen. Es ist gar nicht wirklich eine Drillingsblume. Ich ernenne sie hiermit zur Zwillings-Wachsblume: zwei volle Blätter und ein Reserveblatt; zwei Blütenblätter, aber drei Kelchblätter. Diese Pflanze ist nicht »normal« und umso interessanter wegen ihrer Abweichungen. Zwei von unseren einzelnen Wachsblumen haben dieses Jahr doppelte Blüten – natürliche Mutationen, scheint es.

Ich musste lächeln, als ich deine Beschreibung der Magnolie gelesen habe und daran dachte, wie oft ich die Äste des Erdbeerbaums gestreichelt habe. Gibt es etwas Schöneres, als seine Hände an den Ästen dieses wunderbaren Baums auf und ab und rundherum gleiten zu lassen, in die Ritzen, Runzeln und Windungen hinein? Es ist eine beinahe schmerzlich vertraute Berührung. Eine meiner einfachen Freuden besteht darin, einen kleinen Faulbaum, der direkt vor unserer Terrasse wächst, als Gehstütze zu benützen – ein vertikaler Handlauf. Jeden Tag, wenn ich zum Pool gehe, schwinge ich mich daran herum, und ich genieße das Gefühl der Rinde an meiner Haut, während der Baum mich im Gleichgewicht hält. Als ich das vor fünf Jahren zum ersten Mal gemacht habe, konnte ich ihn ganz mit meiner Hand umfassen; jetzt brauche ich beide Hände dafür. Bestimmt wäre mir sein stetiges Wachstum ohne diese Zufallsmarkierung entgangen.

Während dieser kalte Frühling voranschreitet, bin ich ständig dabei, meine Erwartungen an den Garten und mich selbst zu modifizieren. In den vergangenen Jahren habe ich im Geist die vordere Wiese für die Zukunft »aufgespart«, mit dem Hintergedanken, dass vielleicht eines von unseren erwachsenen Kindern einen Handelsgarten dort anlegen würde. Der Boden ist so fruchtbar, Wasser gibt es in Hülle und Fülle, und die Straße ist leicht zu erreichen. Aber im vergangenen Winter ist mir klar geworden, dass keines unserer Kinder meine Interessen teilt. Ich muss mich wieder einmal daran erinnern, dass unsere Kinder uns nicht gehören und dass meine spezielle Sicht der Dinge eben nur meine ist. Im Augenblick ist die vordere Wiese ein Tummelplatz für alle wilden Geschöpfe: für Vögel, Katzen, Brombeeren, Holzapfelbäume und Erlen sowie einen Ausläufer von Ulysses, dem riesigen alten Erdbeerbaum, dessen Stamm einen Umfang von gut vier Metern hat. In meiner Phantasie füge ich Bärenklau und Kardendisteln hinzu, die hoch über den Brombeeren stehen und die Wiese in den Ort meiner Träume verwandeln.

Bei meinen Wanderungen über das Grundstück in diesem Jahr sehe ich, wie die Veilchen sich ausbreiten und deine Wohlriechende Süßdolde an Stellen abwandert, die ihr behagen. Wachsmyrtenbüsche drängen herein, wo sie vorher noch nicht waren, und drei Arten von wilden Rosen säumen die Einfahrt. Es erinnert mich wieder daran, dass so meine Zukunft aussehen wird: Beachte alles, was schon da ist, streue weiter Samen aus und warte ab, was davon wachsen möchte. Ich muss es nicht endlos »verbessern«. Zu viel Herumwerkeln hindert einen am Beobachten. Mein siebtes Jahr hier neigt sich dem Ende zu: Zeit zum Innehalten.

Alles Liebe, Carol

13. APRIL

Liebe Carol, was soll ich sagen – die Nächte waren zu kalt. Die Magnolien, eben noch so kraft- und verheißungsvoll, sind ganz schwarz und verschrumpelt. Wann werde ich endlich lernen, den Augenblick um seiner selbst willen zu genießen, meine Erwartungen herunterzuschrauben? Wenn du dem Buddha auf der Straße begegnest, töte ihn. Ich habe nie verstanden, was das bedeutet, aber es scheint von Bedeutung zu sein. Der Regen ist unerbittlich – die eben erst aufgegangenen Narzissen liegen darnieder, lassen die Köpfe bis auf den Boden hängen.

Ich sinniere darüber nach, wie sehr ich diese Jahreszeit liebe, die so voller Möglichkeiten ist. Es ist die »Zeit der Tupfer«. Wenn die weißen Pflaumenblüten zum Vorschein kommen, sehen sie aus wie körperlose Kugeln, die an den Zweigen aufgereiht sind. Nach und nach gehen sie dann auf, aber die Blüten an den äußersten Enden sind noch immer nur Tupfer. Ich mag diese Zeit der klaren, scharfen Linien lieber, als wenn der Baum in voller, überschäumender Blüte ist. Ich mag das Gefühl der Introspektion, der ruhigen Selbsterkenntnis. Der Pflaumenbaum blüht immer, bevor die Blätter herauskommen. Die Blüten der Japanischen Aprikose sind so himmlisch rosa, dass ich immer ganz frustriert bin, wenn die rotbronzenen Blätter herauskommen, die dem Baum ein rostiges Aussehen verleihen. Inzwischen bin ich so weit, dass ich diesen Wendepunkt, wenn das Rosa einen metallischen Hauch annimmt, als den »Augenblick nach der Vollkommenheit« sehen kann. Es erinnert mich an das *Buch des Tees*, das die Schönheit von Blättern, über einen Steinpfad verstreut, beschreibt, und auch an das *Genjo*-Buch, in dem Blütenblätter besungen werden, die ihren Höhepunkt überschritten haben. Ich merke jetzt, dass ich die Augenblicke vor und nach der Vollkommenheit lieber mag als die Vollkommenheit selber.

Tupfer gibt es mehr als genug in diesen Tagen – wie eine Welt aus Morsezeichen in Form von Punkten und Strichen. An der Straße steht ein Strauch, den ich bisher noch nie bemerkt habe, einer mit winzigen roten Tupfern auf seinen jungen Blättern, die an schlanken grauen Zweigen wachsen. Die Weißdornbüsche sind grüne Tupfer auf goldbraunen Zweigen. Es gibt auch weiße Tupfer auf rotbraunen Zweigen und silberne auf grauen.

Im Augenblick ist die Farm mit meinen Schnitten übersät. In meiner planlosen Art gehe ich mit meiner Schere herum, schneide tote Äste und Triebe ab, so dass die ganze Vitalität der reinen Gestalt unter der Schicht der letztjährigen vertrockneten Blüten, verblichenen Stängel und verhedderten Zweige zum Vorschein kommt. Ich lasse die Abfälle aufs Gras fallen und gehe weiter, natürlich in der Absicht, später mit der großen Gartenschubkarre zurückzukommen. Rudy hasst es. Inzwischen sind die Haufen so groß, dass ich sie jetzt wirklich bald wegräumen muss. Allmählich stört es sogar mich.

Ich wollte dir noch meine Beinwell-Geschichte erzählen. Als wir damals die Farm gekauft haben, stand ein großer Australischer Eibisch vor dem Raum, der jetzt unser Schlafzimmer ist, und daneben war eine Stelle mit Rauem Beinwell. Ich hatte Wunderdinge über Beinwell gelesen – dass man eine ganze Herde Schafe oder Ziegen mit so gut wie nichts durchfüttern kann, dass man gebrochene Knochen reparieren und Blut damit stillen kann usw. Trotzdem wollte ich den Beinwell dort nicht haben und versuchte ihn auszugraben. Aber ich konnte machen, was ich wollte, er kam immer wieder. Schließlich haben wir den Eibisch gefällt. Er hatte zu viel Licht weggenommen, und ich hatte es satt, mit meinen bloßen Füßen auf die skelettartigen Eibischdornen zu treten, die zwar harmlos aussahen, aber tief ins Fleisch schnitten. Wahrscheinlich haben wir den Boden bei dieser Aktion so aufgewühlt, dass der Beinwell aufgab. Als er dann weg war, vermisste ich die seltsamen, röhrenförmigen Blüten, die in anmutigen Bogen an den Stauden hängen.

Vor zwei Frühlingen habe ich beschlossen, ein paar Beinwellstauden vor meinem Arbeitszimmer zu pflanzen. Er fühlte sich dort anscheinend nicht wohl und verschwand. Gestern habe ich zwei winzige Beinwellblätter an einer Stelle hervorlugen sehen, von der er, wie ich glaubte, verschwunden war. Das zeigt mir die Pflanzenwelt als eine Bewusstseinsform, die unterirdisch weiterexistieren kann, im Verborgenen schlummernd, unsichtbar zumindest für unsere Wahrnehmung – ein gärendes Schweigen, ein Winterschlaf. Wenn ich mein Ohr an den Boden legen würde, ob ich dann wohl meine gewohnten Grenzen überschreiten und die Pflanzenkräfte träumen hören könnte? Und würde mir das helfen, mich besser auf mein eigenes inneres Träumen einzustimmen – das, was ich »das tief innerliche Unbekannte« nenne? Und sind es vielleicht gerade diese zarten Verbindungen zu den Geheimnissen der Lebenskräfte selbst, die sowohl wilde als auch kultivierte Gärten zu einem solch reichen Humus machen, einem so verheißungsvollen, labyrinthischen Weg ins Unbekannte?

Ich gerate oft in Verzweiflung, wenn Pflanzen mich scheinbar im Stich lassen. Manchmal rede ich die Kastrophe zu früh herbei. Letzten Sommer habe ich einen seltsamen, gespenstischen Eisenhut gepflanzt, weiß mit verborgenem Blau innen. Ich hatte jahrelang einen tief blauschwarzen und mochte die brütende Atmosphäre, die er verbreitete. Perverserweise faszinierte mich auch das Wissen, dass er sehr giftig ist. Der neue weiße kränkelte vor sich hin und schrumpelte zusammen, so dass ich mich schon fragte, ob etwas mit dem Boden nicht in Ordnung war. Und dieses Jahr nun entdecke ich einen ganzen Eisenhuthügel, an einer Stelle, von der ich ihn endgültig verschwunden geglaubt hatte. Vielleicht ist das eine Lektion für mich, nicht vorschnell zu urteilen, auch in Bezug auf Menschen. Geduld zu haben und nicht gleich das Vertrauen zu verlieren. Vielleicht ist es bei Menschen wie bei Pflanzen: dass sie einmal weniger, einmal mehr mit sich in Harmonie sind, man aber getrost darauf bauen kann, dass sie zum richtigen Zeitpunkt ganz von selber in die Gänge kommen werden.

Wir hatten eine Drillingswachsblume neben dem Eibisch, nur ein Exemplar, das wir aus dem Wald verpflanzt hatten. Sie hat sich nie ausgebreitet, ist aber jedes Jahr wiedergekommen, als Markstein, als Erinnerung, dass dort draußen in den Wäldern Hunderte von Drillingswachsblumen auf einen Besuch warten. Als wir den Eibisch herausgerissen haben, ist die Wachsblume auch verschwunden. Ich vermisse diese Frühlingsstimme, die mir sagt, es ist Zeit, in den Wald hinauszugehen. Diese eine Drillingsblume – anfangs nichts als spitze Knospen, dann ein reines weißes Dreieck aus

Blütenblättern, die sich auseinanderfalten und schließlich rosa färben – war für mich ein Frühlingsbote, so wie wenn die Schwalben wiederkehren.

Während ich über die Drillingsblumen schreibe, fällt mir ein Grundstück unten an der Straße ein. Dort war früher ein Baumdreieck, hauptsächlich Douglas-Tannen, wo im Frühjahr die üppigsten Wachsblumenbüschel wuchsen, die ich je gesehen habe. Jemand hat das Grundstück gekauft, die Bäume abgeholzt und es weiterverkauft. Es geht mir nicht um den unanständigen Profit, den die Leute dabei gemacht haben, aber ich trauere immer noch den Wachsblumen nach, die ihrer Geldgier zum Opfer gefallen sind. Als ich kürzlich die Straße entlang gegangen bin, habe ich fünf oder sechs Drillingsblumen im Gras versteckt gesehen, die einzigen Überlebenden dieses schrecklichen Gemetzels.

Wie trügerisch doch diese Jahreszeit ist! Das feuchte Grau sieht nicht anders aus als die unerbittlich bleierne Wolkendecke der Wintermonate, außer dass es wärmer ist. Aber in Wahrheit verändert sich die Welt mit Lichtgeschwindigkeit, und wenn ich nicht aufpasse, werde ich ganze Akte des Schauspiels verpassen. Der Zuckerahorn hatte vor ein paar Tagen winzige rosa Auswüchse. Ich wollte sie fotografieren, bin aber nicht dazu gekommen. Seither haben sie bereits zwei bis drei neue Stadien durchlaufen. Der Kirschbaum, der eben noch Knospen trug, ist schon fast in volle Blüte gekommen. Es ist eine Herausforderung für mich, wach zu bleiben. Die schwarzen Johannisbeeren haben ganz winzige, noch von Knospen umhüllte Blüten, ein unirdisch zartes Blauviolett mit grünem Schimmer.

Mach's gut! Dorothy

16. APRIL *Wieder ein kalter Tag*

Liebe Dorothy, deine Beinwell-Geschichte hat mir gut gefallen. Ich könnte dir etwas Ähnliches von meinen ersten Zeiten in Briarwood erzählen. Ich habe vor Jahren versucht, Beinwell zu essen, und einmal habe ich einen

Abszess damit behandelt, was aber nichts geholfen hat. Später fand ich jedoch heraus, dass es kaum eine andere Pflanze gibt, die sich so gut in Lehm pressen lässt. Sie hat Hunderte von meinen Tellern, Platten und Backformen geschmückt. Die feinen Härchen auf der Rückseite ihrer Blätter haben Abdrücke im Lehm hinterlassen, die die Farbe nach dem ersten Brennen perfekt aufgenommen haben.

In der zweiten Hälfte meiner Töpferlaufbahn habe ich damit experimentiert, Pflanzen in meine Arbeit einzubinden. Zu dem Zeitpunkt, als ich das Töpfern aufgeben musste, war ein Drittel meiner Töpfe mit Pflanzenabdrücken verziert, meistens Wildpflanzen. Ich schrieb immer den Namen der Wildkräuter auf den Boden der Töpfe, in der Hoffnung, dass ich auf diese Weise dazu beitragen würde, das Ansehen der Pflanzen zu erhöhen. Fast alle, die meine Töpferwaren kauften, waren überrascht, dass ihnen die mit Kräutern verzierten Töpfe gefielen. Wilde Möhre, Dillkraut, Beinwell, Brunelle, Pastinake, Kanadisches Berufkraut, Farne, Hirtentäschel – sofern ich sie pressen und eine Färbung hineinbekommen konnte, fanden sie alle Verwendung.

An einem Sommernachmittag hatten ein paar Leute aus der Prärie den Weg in meinen Verkaufsraum gefunden. Als ich hineinging, um nach ihnen zu sehen, bekam ich eine Abfuhr, die mich sprachlos machte. Der wütende, rotgesichtige Mann, der auf mich einschimpfte, ein Farmer aus Saskatchewan, hielt es für eine Blasphemie, Kräuter zu verherrlichen. Er war wirklich außer sich.

Deine Geschichte von dem zerstörten Drillingsblumen-Fleck hat mich dazu gebracht, über die Art und Weise nachzudenken, wie wir mit Pflanzen in Beziehung stehen. Unser kollektives Denken ändert sich in dem Maß, in dem uns schmerzlich bewusst wird, dass wir unser eigenes Grab schaufeln, so wie wir mit dem Pflanzenleben auf dieser Erde umgehen. »Hug a tree« (umarme einen Baum) und »Save a Rainforest« (rette den

Regenwald) sind Slogans, aber von ihnen hängt unsere Zukunft ab. Ganze Wälder voller Pflanzen verschwinden, ehe wir wissen, was alles darin wächst, und ohne sie könnten wir die nächste gefährdete Art sein.

Die erste Pflanze, in die ich mich vor über fünfundzwanzig Jahren verliebt habe, war die Karde. Nachdem ich sie jahrelang gesucht, gepflanzt, verkauft, studiert, gezeichnet und als Logo auf meinen Visitenkarten und meinem Briefpapier benützt habe, kann ich sagen, dass ich in puncto Kardendistel ein bisschen verrückt bin. Wenn ich irgendwo eine sehe, ist das wie Familie für mich. Ich habe vor Jahren ein paar Kardendistelsamen an die Roadside Pantry verkauft, und jetzt wachsen sie in kleinen Büscheln hier und da. Ich habe ganz warme, besitzerstolze Gefühle für sie.

Die Karde, die jetzt in meinem Garten wächst, stammt von den ersten Pflanzen ab, die ich auf einem Bauernhof in Fulford Valley, Saltspring Island, vor neunundzwanzig Jahren ausgegraben habe. Ich habe meine Kardensamen in dem Straßengraben auf Saltspring Island ausgestreut, wo meine Freundin Ingrid gestorben ist, als Erinnerung an sie. Ein paar Töpfe habe ich meiner Freundin Beryl mitgegeben, als sie auf einem Schleppkahn zu ihrem Sommerhaus auf der Südseite von Provost Island gefahren ist. Sie hat sie dort um das Klohäuschen herum gepflanzt, und sie sind gut gediehen in den zehn Sommern, die Beryls Familie dort verbracht hat.

Wie du ja weißt, war der Bärenklau meine fatalste Leidenschaft. Ich habe vor Entzücken und Überraschung aufgeschrien, als ich die Pflanze zum ersten Mal an den Gleisen von Parksville wachsen sah. Die Exemplare dort waren dreieinhalb Meter hoch, majestätisch, und schimmerten golden in ihrem spätsommerlichen Trockenstadium. Nachdem ich sie in meinem eigenen Garten etabliert hatte, verschenkte ich die getrockneten Samenköpfe an Freunde – fünfundvierzig Zentimeter im Durchmesser – und pries ihnen ihre Tugenden an. Ich weiß noch, wie Rudy ein paar Wurzeln von eurem Grundstück für mich ausgegraben hat und ungläubig den Kopf schüttelte. Meine Liebesaffäre endete erst, als ich am eigenen Leib erfahren musste, dass sie einen höllisch juckenden Hautausschlag verursachen können. Aber es gibt Fotos aus vergangenen Sommern, auf denen ich mich an ihre riesigen Blätter schmiege oder auf einer Leiter stehe und den obersten Blütenkopf mit meinen Armen umfasse – wie ein Horrorgewächs aus einem Sciencefictionfilm.

Dorothy, ich wollte dir noch die Sache mit Rons Teich erzählen. Erinnerst du dich, wie er letztes Jahr die Obstwiese mit richtigen Abzugsgräben, Kies, Abzugsrohr und was nicht alles entwässert hat? Es war eine gute Sache, den Sumpf zu drainieren, der durch die natürliche Beschaffenheit des Landstücks und die schlecht funktionierenden Kläranlagen der Nachbarn entstanden ist, aber irgendwie hat er offenbar die Lust verloren. Er hat das Rohr in seinem Teich enden lassen, den er zwei Jahre davor liebevoll von Hand gegraben hatte – ein wundervolles Biotop für Pflanzen und Fische. Ich habe ihn darauf hingewiesen, dass das Sickerwasser schlecht für den Teich ist, dass es dessen gesundes Gleichgewicht gefährden würde. Genau wie bei der Zypressenhecke konnte ich mir überhaupt nicht erklären, was in ihm vorging. Aber in einem Anfall von frisch erworbenem Gleichmut sagte ich mir: »Warte einfach ab, was passiert.«

Es kam, wie es kommen musste. Das unselige Wasser trug Schlamm, Fäulnisstoffe und geheimnisvolle unbekannte Substanzen in den Teich hinein und zerstörte das zerbrechliche Gleichgewicht, das sich im Lauf der Zeit dort eingestellt hatte. Den ganzen Winter über sah der Teich düster aus, mit braungrauen Schlammwirbeln, die darauf herumtrieben. In den ersten wärmeren Tagen verwandelte er sich in eine Jauchegrube. Ich erkannte die Farbe und wusste, dass der Tod vor der Tür stand. Trotz allem Gleichmut, den ich mir angeeignet hatte, fing ich an, Ron zu bearbeiten, flehte und bettelte und machte mich zur Fürsprecherin des Teichs, forderte sofortige Notmaßnahmen. Ron redete von seinem Arbeitsplan, der eine vollständige Renovierung des ganzen Dränagesystems im Sommer einschloss. Ich drehte in Gedanken die Augen zum Himmel. Ein oder zwei Tage später stand er dann aber doch im Teich und führte das Abwasserrohr zur anderen Seite durch. Das Wasser strömt jetzt an der unteren Seite des Teichs heraus und nach hinten in die Pampa hinein und weiter. Ich weiß nicht, ob das den Schaden beheben und das ständige Wachsen der Algen zum Stillstand bringen kann. Die Fische leben noch, aber es sind keine Frösche gekommen. Letztes Jahr war unsere Froschpopulation auf acht angewachsen. Die Wasserpflanzen sehen sehr krank aus. Schwer zu sagen, was sie machen werden, weil der Frühling so langsam kommt. Rons Anblick, wie er bis zu den Schenkeln im kalten Teich stand und im Schlick herumwerkelte, war fast des Guten zu viel für mich. Mir war gleichzeitig zum Lachen und zum Weinen. Er ließ ein oder zwei Tage klares Brunnenwasser einlaufen. Ich habe ihn von der Terrasse aus beobachtet: Wie ein Meeresfarmer, der Tang erntet, schöpft er täglich die Algen ab.

Ich bin eine Gärtnerin, die alles gebrauchen kann, und so nehme ich die Algen für den Kompost her und bringe sie direkt auf die Pflanzen. Wer weiß, was für wundersame Bestandteile sie enthalten. Ich muss mich korrigieren: Ron bringt die Algen auf die Pflanzen. Ich bin immer noch in den Kulissen, allerdings fällt mir öfter mal der Klebstreifen vom Mund ab.

Alles Liebe, Carol

CAROLS TAGEBUCH

Die neue Methode, mit dem Computer zu arbeiten, funktioniert sehr gut. Meine Augen sind zwar im Moment etwas überstrapaziert, aber mit einiger Erfahrung – was die richtige Entfernung, Helligkeit etc. angeht – wird sich das legen. Seit ich nicht mehr so viel sitzen muss, habe ich weniger Beinprobleme und bin in viel besserer seelischer Verfassung.

Ich war bei einem Fußspezialisten und hatte einen weiteren Termin beim Rückenspezialisten. Er ist davon überzeugt, dass meine Beschwerden von einer entzündeten Hülle des Rückenmarks und der Nervenbahnen zu meinen Beinen verursacht werden, die sich nicht schnell genug von den Toxinen entgiften können. Das leuchtet mir ein, weil das Chronische Müdigkeitssyndrom bedeutet, dass sich der Körper nur sehr langsam von Aktivität erholt. Die Müdigkeit rührt daher, dass der Körper die Toxine nicht in dem Maße abbauen kann, wie er sollte. Wir wissen es nie wirklich zu schätzen, wie der Körper sich ständig selbst regeneriert und die Abfallprodukte der verausgabten Energien abbaut, bis er aufhört, richtig zu funktionieren. Bis dahin nehmen wir es für selbstverständlich.

Wenn ich Termine beim Arzt oder anderen medizinischen Fachkräften habe, muss ich immer zu meiner besten Zeit gehen, nicht nur, weil es der einzige Moment ist, in dem ich überhaupt dazu fähig bin, sondern auch, weil ich gut aussehen muss. Gut genug jedenfalls, dass man mich nicht abschreibt. Ich achte immer darauf, dass ich nett angezogen bin, lege sogar ein bisschen Make-up auf. Ich versuche, wie jemand auszusehen, der es wert ist, dass man ihn rettet oder ihm Beachtung schenkt. Ich gehe hin, wenn ich keine Probleme mit dem Sprechen habe. Wenn ich geistig ich selber bin – mein altes Ich –, wenn ich die richtigen Fragen stellen kann, Fragen, die für mich wichtig sind, dann wird mein jeweiliger Arzt oder Therapeut auch sein Bestes für mich tun. Alles in meinem kleinen Leben dreht sich darum, Kontakt mit der Außenwelt zu haben und Wege zu finden, wie ich den Ärzten begegne, ohne sie verrückt zu machen und abzuschrecken. Ron sagt, er kann die Angst der Ärzte regelrecht riechen, wenn sie etwas zu sehen bekommen, was sie nicht erklären können. Es dauert nicht lange, bis sie mich fallen lassen, so nach dem Motto: »Ich habe nichts gesehen. So was fasse ich nicht mit der Kneifzange an. Soll es doch jemand anderer machen.«

Ich sage zu meiner Ärztin: »Ich kann nicht zu einem Termin bei einem Spezialisten gehen oder einen Operationstermin vereinbaren, wenn ich meine schlechte Phase habe. Ich kann dann nicht aufstehen.« Darauf sie: »Vielleicht wäre es aber gut, wenn der Betreffende Sie in dem Zustand sehen würde.«

Ist sie schwer von Begriff? Ich habe doch gesagt, dass ich nicht aufstehen kann. Ich kann noch so deutlich werden, es hört mir einfach keiner zu.

24. APRIL

Liebe Carol, ich bin gestern Morgen aufgewacht und habe das abfallende Trillern eines Adlerrufs gehört, während ich noch im Bett lag. Es war so anders als die üblichen morgendlichen Vogelrufe, dass ich einfach hinhören musste. Auf meinem Rundgang heute Morgen schlug mir der feuchte Humusgeruch so heftig entgegen, dass ich stehen bleiben musste. Ich habe mich gefragt, ob ich mit verbundenen Augen die Straße hinunterwandern könnte, die ich in den letzten sieben Jahren gegangen bin, und allein am Geruch erkennen würde, wo ich gerade bin. Zu manchen Zeiten im Jahreslauf ist es einfach. Jetzt zum Beispiel schlägt die Gilead-Pappel aus, und ihr schwerer Pappelgeruch, so süß, schwebt in der Luft.

Das war ein langer, kalter, einsamer Frühling. In der feuchten Kälte sehe ich offenbar klarer, als wenn die Sonne mich einlullt, so dass ich wie in Trance herumlaufe. An den Holunderbüschen bilden sich Blütendolden. Sie sind immer noch grün und eng zusammengerollt, aber bald werden sie ganz weiß und duftig sein.

Die neuen Schwertfarne kommen umgeknickt aus dem Boden, wie lauter verkrüppelte alte Männer. Sie sehen so tot aus, dass man sie sich nur schwer als zusammengekrümmte Spirale des Lebens vorstellen kann. Die Hopfensprosse sind wie gewundene Schlangen am Hühnerhaus hochgeschossen. Bald werden sie ausschlagen, aber im Moment sind sie nichts als Aufwärtsdrang und klare Linien. Auf dem kleinen roten Japanischen Ahorn haben sich bereits neue Blätter gebildet, aber sie sind noch eingeschrumpelt und verkrümmt wie arthritische Greisenhände oder die ungeschickten tastenden Finger eines Neugeborenen. In dieser Übergangszeit vibriert alles vor Energie und Lebensgier. Die neuen Blätter an den Haselnuss-Sträuchern sind knitterig wie Japanseide. Die Blätter an der Magnolia sieboldii sind dünn und straff wie die schönen, handgedrehten Zigaretten, die in Nepal »Bidis« heißen. Diese straff gerollten Formen lassen die voll entwickelten Blätter im Vergleich dazu beinahe schlaff und welk aussehen.

In diesen Tagen ist die Welt so grün wie die Smaragdene Stadt im Zauberer von Oz. Und plötzlich tauchen jetzt Nadelstiche von atemberaubendem Rot dazwischen auf: die grünlich-violetten Knospen der schwarzen Johannisbeeren haben sich flammend scharlachrot gefärbt. Diese ganze Jahreszeit ist grün und rot – die Farben des neuen Lebens. Wenn ich die Ahornschösslinge herausziehe, die überall in der Dauerrabatte sind, kann ich sehen, dass ihre grünen Stängel sich unter dem Boden tiefrot, dann weiß färben. Die Strauchpäonien sehen aus wie eine Studie in komplementären Farben oder ein thermodynamisches Satellitenfoto. Die zentralen Blattadern sind die grünlichen Nebenflüsse, die die rötlichen Hochländer entwässern, aber die Grüns und Rots sind grau und gedämpft. Die neuen Blätter des Anthony-Waterer-Spierstrauchs sind anfangs rosig-rot, dann verblassen sie zu einem rosa-überhauchten Grün. Der Rhabarber ist heraus und in vollem Wuchs, stämmige rote Stängel, die große grüne Limpopo-Blätter hochhalten. Bald wird meine Lieblingspflanze kommen, die Kiwi-Kletterpflanze mit den haarigen roten Stängeln und den vollkommen geformten dicken, grünen Blättern. Die Rots sind nie einfach nur rot – sie sind orangerot, rotviolett, rosarot, lachsrot, genau wie die Grüns blaugrün, gelbgrün oder graugrün sind.

Die meisten Tulpen hat sich das Wild geholt, aber ich habe eine karminrote unten an der Wurzel einer wunderschönen Douglas-Tanne entdeckt, umgeben von Zephirblumen, die ich meines Wissens nicht gepflanzt habe. Ich mag diese flammende Pracht in geringen Dosen. Apropos Tulpen: Was ich an ihnen so liebe, ist ihr alchemistischer Umgang mit der Farbe. Ich habe beobachtet, wie ein paar schwarzviolette in volle Blüte gekommen sind. Zuerst tritt das Violett als schwacher Rand um die grünen äußeren Blütenblätter hervor. Allmählich überzieht sich das Grün mit Violett, bis es endlich ganz mit Farbe gesättigt ist. Weil das Ganze so subtil ist, bin ich froh, dass mehrere an einem Fleck zusammenstehen, in verschiedenen Entwicklungsstadien, so dass ich den Fortschritt sehen und mir beweisen kann, dass ich nicht unter Halluzinationen leide. Vielleicht könnte man es als Bild dafür nehmen, wie jeder von uns mit der Zeit genügend Vertrauen sammelt, um sein wahres Selbst zu leben – wie wir unsere wahren Farben zeigen. Die Camas* machen es auch. Was für ein Geschenk.

Am vergangenen Wochenende war es endlich warm, und ich habe es geschafft, die Erbsen, die Bohnen, den Spinat und den Kohlrabi zu pflanzen. Es war tatsächlich so warm, dass ich mir vorstellen konnte, dass der Spinat gleich zu schießen anfängt, sobald er Blätter angesetzt hat. Aber heute ist es wieder feucht und trostlos, also muss ich mir wahrscheinlich keine Sorgen machen. Mittlerweile wachsen die Tomaten und Kürbisse, die ich auf dem Fenstersims angesetzt habe, aus ihren Torfkübeln heraus. Wenn der Frühling weiter so langsam voranschreitet, werde ich bald ein Altersheim für ins Kraut geschossene Setzlinge haben.

Ich habe Fotos von den Obstbäumen gemacht, die jeweils in Blüte gekommen sind, und ich frage mich, ob ich mich erinnern werde, welches welcher ist, wenn die Dias zurückkommen. Jeder von ihnen hat sehr ausgeprägte Merkmale, obwohl sie alle demselben Muster von fünf Blütenblättern folgen (soweit ich sehen kann), mit äußerst zarten und subtilen bis schockierend unanständigen Staubgefäßen in ihrer Mitte. Jede Blüte liegt in ihrer eigenen unverwechselbaren Weise am Zweig, hängt an einem Stängel (bei den Kirschen) oder sitzt in verwegenen Büscheln im Baum (bei den Birnen). Jeder Baum ist wie ein langsam sich entfaltendes Mini-Drama. Es lässt mir keine Zeit für TV-Serien.

Gestern hat es in Strömen gegossen. Der Wind tobte wie verrückt, wirbelte zuerst Schauer von Kirschblüten auf, dann ganze Blizzards von Kirschblüten, die das Gras und die Rhabarberblätter sprenkelten und an den Gartenstühlen und dem alten, abgewetzten Tisch klebten. Heute Morgen

* Camassia esculenta, eine nordamerikanische Lilienart, A. d. Ü.

glänzte die Sonne hinter den Zweigen des wilden Kirschbaums, der auf dem Höhepunkt seiner Blüte ist, und erleuchtete ihn, so dass er sich gegen den Himmel abzeichnete wie hauchdünne Schichten aus durchsichtigem Pergament. Die Sonne ist immer noch da, aber es regnet wieder und wird von Minute zu Minute grauer. Rudy hat eben die Maultiere hinausgelassen. Sie springen herum und kicken ihre Fersen hoch, mit einer Hingabe, die man von ihnen nicht gewöhnt ist. Die Erbsen, die ich vor ein paar Tagen gepflanzt habe, sind alle schon hochgekommen, vom Regen hervorgelockt, aber Rudy sagt, er hat sie wieder hinuntergedrückt. Was für ein verrückter Frühling.

Pass auf dich auf! Alles Liebe, Dorothy

25. APRIL *Wieder kalt und regnerisch*

Liebe Dorothy, wenn Ron und ich nach Hause kommen, wenn wir in die Einfahrt einbiegen, atmen wir beide hörbar auf und sagen laut: »Achtung, jetzt!« In der Kurve verschwindet der Wagen unter dem Baldachin aus Bäumen, und – als würden wir in eine alte Episode von »Twilight Zone« eintreten – schon sind wir allein in einem Urwald. Es ist dasselbe wunderbare Gefühl, wie wenn man in Wasser eintaucht – wenn die Realität unserer Existenz sich abrupt in eine Welt völlig veränderter visueller Wahrnehmungen verwandelt, eine Welt der Schwerelosigkeit und Stille.

Ich kann mich so klar an die ersten Zeiten hier erinnern, als ich den Bau des Hauses geleitet und darum gekämpft habe, die Pflanzenwelt zu retten. Der alten Carol hätte diese Aufgabe großen Spaß gemacht. Aber die Krankheit, mit der ich lebe, nimmt mir jede Widerstandskraft, jede Energie, und so war es eine wahre Herkulesarbeit für mich. Außer meinem Freund und Bauleiter und einem gleichgesinnten Baumfäller waren alle, die mit dem Hausbau zu tun hatten, offenbar wild entschlossen, den gesamten Bewuchs zu entfernen. Ich habe immer noch ihre Stimmen im Ohr: »Wie soll ich meine Maschine manövrieren mit dem struppigen Busch dort?« »Ich krieg den Zementlaster nicht nahe genug heran, wegen den elenden Bäumen dort. Das sind *Unkraut*bäume, die müssen weg.« Ich habe noch nie so viele Schimpfworte, auf die Pflanzenwelt gemünzt, zu hören bekommen und so viele großmäulige Experten erlebt, die dachten, sie könnten mich mit ihren finsteren Prophezeiungen einschüchtern und kleinkriegen.

Ich erinnere mich gut, wie ich mich um acht Uhr morgens an meinem fünfzigsten Geburtstag mit einem Zulieferanten der Wasser- und Elektrowerke getroffen habe, der die 120 Meter lange Stromleitung verlegen sollte. Wir stapften in jenen frühen Morgenstunden in dem rauen, baumgefüllten Gelände hin und her, und er sagte immer wieder: »Das muss alles weg!« Er schwenkte mit großen Gesten seine Arme herum, und seine Haltung drückte die pure Frustration aus. Hin und her ging es, ich blieb fest, wurde aber schnell müde, und meine Energie nahm zusehends ab. Er fuchtelte immer aufgeregter herum, blieb aber verbal höflich. Schließlich sagte er mir, das Projekt müsse den Richtlinien der B. C. Hydro* entsprechen und würde bei der gefürchteten Vor-Ort-Inspektion kontrolliert werden. Seine Augen glitten zur Seite und er zuckte mit den Achseln, als wollte er sagen: Sie werden schon sehen! Ich ließ die Strecke von einem sehr einfühlsamen Baumfäller schlagen, der genau das machte, was ich wollte. Ich sagte ihm, dass Ulysses (der riesige Erdbeerbaum) von der hiesigen historischen Gesellschaft zum Kulturerbe ernannt worden sei. Was immer mir einfiel. Ich bin problemlos durch die Inspektion gekommen.

Ich vergötterte dieses Land. Ich liebte jede Pflanze und jeden Baum. Ich arbeitete mich durch das dichte Unterholz, bis ich schließlich auf der offenen Wiese mit den Wilden Möhren herauskam. Ich wollte das Land genau so, wie es war. Auf meinen Wunsch holzte der Bauleiter eine Fläche ab, die nur einen Meter achtzig breiter war als die Außenkanten des Hauses. Er

* Die staatlichen Elektrizitäts- und Wasserwerke von British Columbia, A. d. Ü.

schnitt jedes Brett auf die richtigen Maße zu und nummerierte es in seiner viele Meilen entfernten Werkstatt, so dass es kein Chaos und kein überflüssiges Herumtrampeln auf dem Grundstück gab. Als wir später eine einen Meter achtzig breite Veranda um das Haus bauten, stieß sie tatsächlich an die wilden Holzapfelbäume, für deren Erhaltung ich so gekämpft hatte. Der alte Birnbaum bestimmte durch seine Gegenwart die Eckbreite der Veranda. Der wilde Rosenstock, den ich gerettet habe, ist jetzt eines der Wunder dieses Anwesens – fast so groß wie das Haus selber. Er bietet Sitzplätze und Verstecke für Hunderte von Vögeln, die sich bei den Futterplätzen auf der hinteren Veranda einfinden.

Meistens läuft es so, dass die Baugesellschaften den Pflanzenbewuchs niedermetzeln und den Boden vergewaltigen, um auch noch den letzten Penny Gewinn aus dem Land herauszupressen. Alles wegrasieren, das Haus hochziehen, und schon kann das »Zu-verkaufen«-Schild aufgestellt werden. Der bedauernswerte Käufer verbringt dann den Rest seines Lebens damit, das Land wieder so herzurichten, wie es war, bevor Mister Bulldozer das Sagen hatte. So ein Bulldozer zerstört in einer einzigen Stunde, was man in zwanzig, dreißig Jahren kaum ersetzen kann, und die Bodenstruktur ist für immer dahin.

Mein Bauleiter war äußerst geduldig, was meine Wünsche anging. Der Pflanzenbewuchs war oft sehr hinderlich für ihn, und er musste seinen Lastwagen elend misshandeln, um zwischen den Bäumen durchzukommen und ohne gekieste Einfahrt zu manövrieren. Irgendwann musste ich doch eine Kieseinfahrt legen lassen. Es dauerte sechs Jahre, bis die Narben zugewachsen waren. Jetzt sieht es aus, wie es am Anfang war – ein Graspfad durch den Wald.

Ich erinnere mich an den Rat eines Besuchers, eines erfahrenen Waldbauern, der mir sagte: »Nehmen Sie sich ruhig Zeit mit dem Aufräumen hier. Lassen Sie die Bäume einfach umfallen und liegen, wo sie sind. Sie werden bald im Unterholz verschwinden, und alles, was Sie hier liegen lassen, düngt den Waldboden.« Während Ron und ich die Vögel beobachteten und mit ihren Eigenheiten, ihren Bedürfnissen und Gewohnheiten vertraut wurden, lernten wir die Wildnis immer mehr schätzen. Wir verwenden jetzt alles, was beim Gartenaufräumen und Rückschneiden abfällt, für Waldhaufen, die nach und nach zu Kompost verrotten. In der Zwischenzeit dienen sie als Nistplätze für die Wachteln. Wir flechten die Zweige von Bäumen und Sträuchern, die wir herausreißen, in die Zypressenhecke und Drahtzäune, so dass Zaun und Hecke in eins verschmelzen.

Ich denke an unser Tal, das wir so viele Jahre lang beobachtet haben: an die wilden Teile, wo die Wildenten jedes Jahr hinkommen; an die Wiesen, in denen die Rehe liegen, wo das Gras manchmal so hoch ist, dass man nur ihre Ohren sieht. Ich habe den Verfall einer wunderschönen alten Scheune miterlebt, die langsam in sich zusammengesackt, in die Erde zurückgekehrt ist. Obstbäume verbergen ihre verwitternden und verrottenden Bretter. Immer wenn wir an dieser Stelle vorbeifahren, bin ich froh, dass kein Bulldozer hier wüten durfte.

Das Interessanteste an meinen Beobachtungen hier ist für mich die Art und Weise, wie die Grundstücke ihre Besitzer wechseln und wie unterschiedlich die Leute mit ihrem Land umgehen. Ich finde es immer wunderbar, wenn ein Besitz sich von einem groben Klotz in ein Juwel verwandelt. Dazu fällt mir ein Fünf-Morgen-Grundstück an der Telegraph Road ein. Die ersten Besitzer haben ein Rechteck aus den Bäumen herausgehauen und ihr Haus so nahe an die Straße gebaut, dass der Staub hineinflog. Es fehlte jedes Gespür für die Lage des Landes oder den bestehenden Pflanzenbewuchs, jegliche Schönheit – da war nichts, was die Seele erfreuen konnte.

Aber die Dinge ändern sich, manchmal überraschend. Die nächsten Besitzer waren mutiger, als ich es gewesen wäre. Innerhalb eines Jahres setzten sie das Haus zurück und richteten es nach Süden hin aus, auf einem Hang, der die Sonnenstrahlen einfangen hilft. Sie bauten ein Gewächshaus

an und eine entzückende überdachte Veranda. Das Anwesen ist jetzt ein Juwel in den Wäldern, mit eingezäunten Obstwiesen und kleinen Gärtchen und Bäumen, die das Haus von der Straße abschirmen.

Momentan ist zweifellos die Zeit der zartesten und frischesten Düfte des Jahres. Mein Lieblingsduft ist und bleibt das Laub der wilden Rosen, ein so betörender, fremdartiger Geruch. Wenn ich manchmal ganz in Gedanken die Straße entlanggehe, bleibe ich plötzlich wie angewurzelt stehen: Ich schaue auf, und da ist ein Rosenstrauch.

Ich habe einen Frosch in den Teich hüpfen sehen, also wollen wir weiter die Daumen halten!

Alles Liebe, Carol

6. MAI

Liebe Carol, das Gras ist so hoch wie ein Gänseschenkel oder vielmehr wie die Brust eines Gänsekükens. Die Hühner schwimmen regelrecht darin. Ich habe die frostgeschwärzten Magnolien abgemacht, so dass die Zweige jetzt mit blassen Porzellanblumen geschmückt sind, und die erfrorenen Knospenleichen sind nur noch Erinnerungen aus einem anderen Leben.

Nach dem starken Wind habe ich festgestellt, dass der Straßenrand plötzlich mit korallenroten Hüllen, wie Nagelhäute, übersät ist, die von dem großblättrigen Ahorn heruntergeweht sind. Ich beobachtete sie von nun an genauer und konnte sehen, wie die Blattknospen große phallische Taschen bilden, die wie Schwerter in roten Hosenbeuteln stecken. Ganz schön angeberisch, die Show! Jede Hülle besteht aus einander überlappenden Schuppen, die dem Panzer eines Gürteltiers ähneln. Die Hüllen wachsen in die Länge, dann trennen sich die roten Schuppen und geben die zusammengeballten grünen Blätter frei. Schließlich werden die roten Beutel zu verkümmerten Organen, Zeichen des Triumphes, dass das Wunder des neuen Wachstums sich vollzogen hat. Es waren diese Siegerwimpel, die ich nach dem Wind an der Straße gefunden habe. Ich schaute mir daraufhin die eben erst hervorbrechenden Blätter an dem kleinen Japanischen Ahorn an, der zarte Blattfinger haben wird, und da waren sie wieder, eine lange, dünne Version der roten Siegerwimpel.

Und so staune ich über diese Welt, die ihr Ding macht, ob ich nun hinschaue oder nicht. Ich bin überwältigt und berauscht von dem Gefühl, etwas zu sehen, das immer da war, für das ich aber bisher blind war. Und dann ergreift mich eine irrwitzige Panik, die Pflanzenwelt am Straßenrand könnte sich so vollständig offenbaren, dass es keine großen Entdeckungen mehr zu machen gibt. In Wahrheit ist aber die Welt ein sich immer neu offenbarendes Geheimnis.

Für mich sind diese Einzelheiten des Werdens und Sich-Entfaltens das Tor zur Unendlichkeit und zum Wunder. Vor zwei Frühlingen habe ich ein Buch gemacht, das von einer Reihe von Zitaten zu diesem Thema inspiriert war. William Blake sagte: »Auf dem Einzelnen und Besonderen ruht das Erhabene.« Rav Kook schrieb: »Jeder Teil der Pflanzenwelt hat seine Melodie.« Die Einzelheiten sind in diesen Tagen scharf umrissen und schnell, nicht langsam und von Nebel verhüllt wie in den langen Wintermonaten. Ich bin erschöpft und euphorisch.

Gerade bin ich wieder auf einen Mythos aus der Kabbala gestoßen, von dem Licht der Welt, das in einem großen Lehmgefäß aufbewahrt wird. Es zerbricht, und die lichtgetränkten Scherben werden über die ganze Welt verstreut, bis die Zeit kommt, wo wir sie wieder zu einem Ganzen zusammenfügen können. Wenn ich den Frühling beschreiben sollte, dann als eine Zeit, in der die Funken fliegen, und ich renne hinter ihnen her, will sie sehen, festhalten. Bilder von Glühwürmchen über einer dämmrigen Wiese, von Wunderkerzen in den Händen lichttrunkener Kinder oder – in meinen.

Irgendwie ist er fast zu viel, dieser Frühling, vielleicht weil die Tage immer noch so kühl sind und weil es so viel geregnet hat.

Ich war sehr beeindruckt von deiner Schilderung, wie du gekämpft hast, um den Wald um dein Haus herum zu retten, und ich bewundere deine Stärke, mit der du diesen Männern die Stirn geboten hast. Bei uns war es beinahe die gegenteilige Geschichte. Wir hatten die Farm hier schon seit Jahren im Auge, bevor ich auf eine winzige Anzeige in der Victoria-Zeitung antwortete und mir klar wurde, dass es genau dieses Grundstück war. Das alte Haus war ganz bezaubernd, ans Ende einer langen Einfahrt zurückgesetzt, mit weiten, offenen Wiesen und einer riesigen Scheinakazie davor. Mit großem Glück konnten wir es kaufen und machten uns daran, mehr Wachstum hereinzubringen. Als wir herkamen, war nichts zwischen dem Haus und den Hühnerställen außer zwei Fliederbüschen, einem Birn-, einem Apfel- und einem Pflaumenbaum. Wir haben gepflanzt und gepflanzt, wir haben die Weißdornbüsche entlang der Einfahrt wachsen lassen, wir haben die Obstwiesen und Beerensträucher und wilden Rosen an der Einfahrt gepflanzt. In jenen Anfangszeiten damals ist das Gras in der Sommerhitze schnell verdorrt und braun geworden. Jetzt halten die vielen Bäume den Wasserspiegel höher, und die Sachen bleiben den ganzen Sommer über grün. Es ist ein langer, langsamer Prozess, aber neulich habe ich festgestellt, dass der Hartriegel, den ich gepflanzt habe, als ich vor zwanzig Jahren schwanger war, jetzt fast so groß wie der Ahorn ist, und der wilde Kirschbaum, den ich als Schössling aus dem Garten von Freunden ausgegraben habe, ist riesig geworden.

Wir sind am 1. Juli vor fast dreiundzwanzig Jahren hier eingezogen. Im darauf folgenden Frühjahr verkündete mir Rudy ganz niedergeschlagen, dass die riesige Scheinakazie vor dem Haus, die Trauerweide und ein anderer Baum alle tot seien. Zum Glück irrte er sich; sie waren nicht tot, sondern er war ungeduldig. Seit damals ist uns vieles gestorben, Bäume und Sträucher, Hühner und Lämmer. Stürme haben riesige Trümmer aus den Bäumen gerissen, Pferde haben unsere jungen Dattelpflaumen in Grund und Boden gerieben, durch nachlässiges Gießen in der langen, heißen Zeit gingen Bäume zugrunde, die wir in abgelegenen Winkeln gepflanzt hatten. Aber im Wesentlichen haben wir gesteigertes Wachstum, Fülle und Raum für das Einzelne. Die meisten Pflanzen halten zäh am Leben fest, ein bisschen Verständnis vorausgesetzt und sofern sie nur eine winzige Chance bekommen.

Trotz des eben bekundeten Optimismus bin ich verzweifelt über den Verlust der Wildblumen in unserem Wald. Über Jahre hin habe ich Kalypso-Orchideen in immer größerer Zahl gefunden. Es gab einen Pfad, wo die Drillingswachsblumen so üppig wie Schlagsahne wuchsen. In den letzten paar Jahren wurden es weniger, aber ich dachte, dass es vielleicht nur ein schlechter Sommer war. Dieses Jahr ist ihre Zahl so geschrumpft, dass ich das Gefühl habe, in Trauer zu sein, wenn ich in den Wald gehe. Ich weiß nicht, was die Ursache dafür ist. Ich schiebe es auf die Maultiere, die im Hochsommer dort hinten grasen, aber ich kann nicht mit Sicherheit sagen, ob das wirklich der Grund ist. Und es tut mir weh, dass der Wald, den ich immer so geliebt habe, unter unserer Besitzerschaft gelitten hat.

Ich habe große Freude an dem Papiergespräch, das wir beide miteinander führen. Es ist zu einem speziellen Ventil für Gedanken geworden, wie ich sie sonst nur selten mitteile. Ich kenne nicht viele Orte auf der Welt, die Zeit und Raum für diese Art von mäanderndem Denken lassen. Es hat Licht und Schatten in den grauen Wintertrübsinn gebracht. Es hat die Augenblicke der Offenbarung noch erhöht.

Eine meiner großen Freuden in diesem Frühling war das Beobachten der Farbübergänge – die Magnolien gehen tiefrosa auf und verblassen dann zu einem perlweißen Farbton; die Tulpen sind anfangs graugrün, dann schlägt das Dunkelorange, Schwarzviolett oder Blutrot durch, auf das sie angelegt sind; die Hartriegelblüten beginnen grüngelb und gehen in ein reiches Ebenholz über, und so viele Blätter sind anfangs rostrot und färben sich dann allmählich grün. Ich muss an die alten Zeitrafferfilme denken, in denen gezeigt wurde, wie eine Blüte sich öffnet, und ich würde gern eine Filmdokumentation von diesen Farbveränderungen machen.

Ich weiß nicht, warum die Pflanzenwelt mich so beflügelt – ich bin keine hingebungsvolle Mistschlepperin oder Gartenhegerin. Was mich hauptsächlich interessiert, sind die Transformationsprozesse: das Sich-Entfalten, Sich-Anfüllen, Absterben, das große Drama der Knospen, Blätter und Samenköpfe. In letzter Zeit fallen mir die Gänse ins Auge, wie sie auf einem Bein stehen, dann das andere knarzend ausstrecken und dabei die zusammengerollten Schwimmhäute entfalten wie der Ahorn seine jungen Blätter. Schließlich setzen sie den ganzen Fuß platt auf den Boden, strecken ihre Hälse und schnattern, wobei die gespaltene Zunge zwischen ihren Schnäbeln hervorlugt. Sonst gibt es nicht viel zu berichten. Rudy tobt sich aus und schneidet Äste ab, die von der gefürchteten Zeltraupe befallen sind, um sie im Ofen zu verbrennen, während ich einen Kurs über das Papiermachen plane und dabei an die Netzmetapher und die Magie der Baukunst in der Tierwelt denke. Unglaublich, dass zwei Menschen dieselbe Welt unter zwei so unterschiedlichen Gesichtspunkten sehen können.

Paß auf dich auf! Dorothy

CAROLS TAGEBUCH

Als ich gestern vom Tippen aufstand und mich auszog, um unter die Dusche und dann schwimmen zu gehen, hatte ich plötzliche Taubheitsgefühle in meinem linken Bein, das in der ganzen Zeit mein gutes war. Immer wenn ich mich vorbeugte, schoss es mir von der Rückengegend in meine linke große Zehe und ließ das Bein taub werden. Was soll ich sagen – ich hatte eine Panikattacke, mein Herz klopfte wie wild, mir wurde heiß, und ich fühlte mich total schwach. Innerhalb einer Stunde, nachdem ich alles mit Ron durchgesprochen hatte, war ich einigermaßen ausgesöhnt mit den Dingen, die als Nächstes auf mich zukommen würden. Ich kann diese neue Entwicklung nicht in den Griff bekommen, was immer es zu bedeuten hat. Ich kann nur versuchen, weiter so aktiv wie möglich zu sein, den Tag zu bestehen und das Gute daran zu sehen.

Der Termin bei dem Fußspezialisten gestern lief gut. Er war sichtlich gut informiert, und er sah mir offen in die Augen, schaute in mich hinein. (Ich habe so selten das Gefühl, dass ein Arzt oder Therapeut wirklich »mit mir« ist – anstatt sich Notizen zu machen oder Anrufe zu beantworten und mir das Gefühl zu geben, dass er es gar nicht erwarten kann, zum nächsten Patienten überzugehen.) Er hörte sich meine (stark gekürzte) Krankengeschichte an, inspizierte meine Sammlung orthopädischer Schuhe, und fühlte meinen Puls an beiden Füßen. In meinem rechten Fuß, dem schlimmen Fuß, ist der Puls kaum akzeptabel, während er doch bisher in beiden Füßen ausgezeichnet war. Er sagte: »Es sind nicht Ihre Füße, die Ihnen Probleme machen. Ihr Körper macht Ihren Füßen Probleme. Das ist bei Ihnen offensichtlich eine systemische Störung. Die Füße sind nur ein Zeichen, dass etwas nicht stimmt, dass Sie sehr krank sind, und wenn ich Sie wäre, würde ich so schnell wie möglich zu einem Internisten gehen – dem besten, den Sie finden können – und mich gründlich durchchecken lassen.«

Er meint, dass meine Symptome von etwas Ähnlichem wie Lupus kommen, einer Bindegewebsstörung, Raynaudsche Krankheit, etwas im Blut, weil die Blutplättchen verklumpen. Mein Gott, ich will das nicht wissen. Ich habe schon so lange so viele mysteriöse Symptome, dass es eine Erleichterung ist, jemanden so offen sprechen zu hören, aber es ist auch erschreckend. Andere Ärzte haben gesagt: »Sie schleppen da was sehr Ernstes mit sich herum«, aber wenn die Tests dann nichts Alarmierendes zum Vorschein gebracht haben, meinten sie: »Sie halten sich ja trotz allem wunderbar.« Ich bin nie gründlich von Kopf bis Fuß durchgecheckt worden. Da mir meine praktische Ärztin diesen Fußspezialisten als »den besten« empfohlen hat, wird sie bei den weitergehenden Tests mitziehen müssen. Ich bin sofort in das nächste Labor gegangen und habe mir Blut abnehmen lassen. Irgendwas ist da im Busch, das weit über das Chronische Müdigkeitssymptom oder eine angeknackste Bandscheibe hinausgeht.

12. MAI *Wo ist der Frühling?*

Liebe Dorothy, ich habe das Gedicht »Mending Wall« von Robert Frost wieder gelesen. Ich frage mich, was er schreiben würde, wenn er hier in unserer Gegend leben würde, die weder Farmland noch Vorstadt ist. Ich habe die *Wingfield-Farm* als Hörbuchkassette angehört und mich schief und krumm gelacht, weil es so komisch war, und mich an die Situationen und Charaktere erinnert, die mir im Lauf der Jahre im Cowichan Valley begegnet sind. Tut mir Leid, R. F., aber nachdem ich so lange hier in diesem Tal lebe, muss ich deinem Nachbarn Recht geben, der gesagt hat: »Gute Zäune machen gute Nachbarn«, das heißt, vielleicht könnte man es abwandeln in: »Gute Zäune machen bessere Nachbarn.«

Ich dachte neulich nachts an dieses Gedicht, als wir kerzengerade hochfuhren, weil einer unserer Nachbarn irgendein lautes Gerät in Gang setzte. Wenn so etwas passiert, stürzen wir hinaus und spähen durch unsere Zäune, um herauszufinden, was dort drüben vor sich geht. Wir sind hier, wie es scheinen mag, in einem Paradies, aber tatsächlich müssen wir mit einem ständigen unterschwelligen Unbehagen leben, weil wir nie wissen, wann unser kleines Heiligtum von außen in Frage gestellt wird. Jetzt zum Beispiel warten wir mit Bangen, was unsere Nachbarn im Süden, die drei zusätzliche Morgen besitzen, tun werden. Wenn man in einer Stadt lebt, weiß man ziemlich genau, was man hat. Und genauso, wenn man auf einer Farm mit 160 Morgen lebt. Dieses Gebiet dagegen ist in ständiger Bewegung, mit Grundstücken, die häufig den Besitzer wechseln (wir haben hier vier Anwesen, die irgendwo an unsere zwei Morgen angrenzen), und potenziellen Änderungen in der Aufteilung der angrenzenden Zonen, was ein wahrer Alptraum für uns ist. Wir fühlen uns oft wie in einer Festung, ständig damit beschäftigt, hinter unseren Mauern auf Eindringlinge zu lauern, das Pech am Sieden zu halten, unsere Gräben noch tiefer zu machen und in Gedanken einen oder zwei Alligatoren hineinzusetzen.

Ich habe mit dem Leben auf dem Land – Landhaus-Stil – Bekanntschaft gemacht, als ich in die Briarwood-Siedlung gezogen bin, eine Ansammlung von Zwei-Morgen-Parzellen mit vierzig Häusern auf einem Gelände, das vorher eine Farm war. Gleich am Anfang, als Holden auf dem Heimweg von der Schule von einem Hund gebissen wurde, habe ich zu spüren bekommen, wie Hundebesitzer auf die »Untaten« ihrer Hunde reagieren. Sie verstecken sich. Der Schäferhund eines anderen Nachbarn hat unsere Entenglucke verstümmelt, während sie auf ihren Eiern saß. Wir haben sie gesund gepflegt, obwohl wir uns zuerst nicht vorstellen konnten, dass sie es überleben würde, und sie hat dreizehn Entenküken großgezogen und für den Rest ihres Lebens gehinkt. Der Besitzer des Schäferhundes sagte: »Er geht nie von unserem Grundstück runter«, obwohl der Hund mit blutigen Entenfedern im Maul auf unserem Grundstück ertappt worden war. Schließlich verstieg er sich zu der Bemerkung: »Dann müssen Sie sich eben selber einen Hund zulegen, damit keine anderen Hunde auf Ihr Grundstück kommen.«

In den elf Jahren, die wir hier sind, haben wir viele Nachbarn kommen und gehen sehen, und wir haben uns die ganze Zeit als inoffizielle Hundeerzieher betätigt. Junge, nicht beaufsichtigte Hunde, die nicht auf ihrem Grundstück angebunden waren, tobten in unserem eingezäunten Grundstück herum, jagten die Hühner und Enten und hetzten mein süßes, dickes Lieblingsschaf herum. Ich sehe Hank noch vor mir, wie er hinausstürzte, den Hund im Nackenfell packte, ihm den Arsch versohlte, ihn über den Zaun schleuderte und brüllte: »Böser Hund – geh heim!«

Ich bin einmal von einem zweihundert Pfund schweren Hund angesprungen und umgeworfen worden, und es haben sich so viele schnüffelnde, spitze Hundenasen in meinen Schritt gebohrt, dass ich Selbstverteidigung gelernt habe. »Nein, nein, Cujo! Lass das!«, säuseln die Hundebesitzer. »Er mag Leute, und er ist so sanft wie ein Lamm«, versichern sie mir.

Mein älterer Sohn hat mich am Muttertag angerufen, und ich habe herausgefunden, dass er sich als Gartengestalter auf seinem kleinen Grundstück in Nanaimo betätigt. Im Lauf des Gesprächs konnte ich meinen Einfluss auf das, was er mit seinem Land macht, heraushören, und das hat mir gut getan. Er hat heimische Pflanzen auf seinem wenig dankbaren Boden gepflanzt – poröses Zeug auf porösem Gestein, bei knappen Wasserverhältnissen. Ich habe ihm einen Brief geschrieben, mit Zeichnungen, wie man in trockenen Gebieten, in denen Gießen im Sommer ein ständiges Muss ist, erfolgreich Pflanzen versetzt. Ich habe ihm auch ein paar Tipps gegeben, was er anpflanzen könnte.

Was mir in diesem Un-Frühling auffällt, ist, dass die Pflanzen bestens gedeihen. Ich sehe neue Pflanzen: Vanilleblätter (süß nach dem Tod), wo vorher keine waren, zusammen mit einem Nest von wilden Maiglöckchen, außerdem Froschlöffel, die den seichteren Teil des Teichs zieren.

Alles Liebe, Carol

29. MAI

Liebe Carol, herzlichen Glückwunsch zum neuen Großmutter-Dasein! Eine einschneidende Etappe für euch alle. Das Timing ist perfekt. Seit ich von North Carolina zurück bin, hat sich die ganze Erde verwandelt. Bevor ich weggefahren bin, habe ich die Geburtswehen dokumentiert, die winzigen, zerknitterten Blätter, schrumpelig wie durchscheinende Neugeborene, wie sie das Gefängnis ihrer Hüllen gesprengt und sich langsam zu ihrer vollen Größe ausgestreckt haben. Die Erde ist jetzt zehn Zentimeter hoch, weit offen, und Blätterfahnen wehen von jedem Turm und jeder Balustrade. Dieses üppige Grün ist beinahe ein Abstieg. Ich vermisse das Drama des Werdens in dieser satten Behaglichkeit der Ankunft. Hier, wie in meiner Kunst, bin ich mehr am Entstehungsprozess als am Ergebnis interessiert. Aber die Sonne war in den letzten drei Tagen die meiste Zeit da, und sie scheint auch jetzt. Und die Sonne auf meiner Haut zu fühlen, das ist für mich die wahre Belohnung nach den langen, dumpfen Monaten.

Während ich in North Carolina war, hatte ich Gelegenheit, mit meinem Lieblingsspielzeug herumzuexperimentieren – mit dem Kopierapparat. Ich habe ein Kleebüschel an den Wurzeln herausgezogen, es auf die Glasscheibe gelegt und ein bisschen farbloses Azetat durchlaufen lassen. Der Klee ist wie von der Hand eines großen Meisters gezeichnet herausgekommen: Tiefe, Schattierungen, Wurzelhaare – alles da. Ich habe eine Fotokopie von einem herausgerissenen Grasklumpen als Grundlage für ein kleines Büchlein genommen, mit dem Text, den ich dir in meinem letzten Brief zitiert habe: »Jeder Teil der Pflanzenwelt hat seine Melodie.« Es war alles ein bisschen verrückt, weil ich das Umschlagpapier mit etwas sehr Öligem wie Wachs oder Firnis behandelt hatte, so dass der Kleber nicht richtig haften wollte. Diese kleinen Büchlein (ich habe zwanzig davon für eine Reihe gemacht), sind bereits dabei, sich selbst zu zerstören. Das Label, das auf den Umschlag geklebt war, fiel einem Freund in den Wein, als er es gestern Abend angeschaut hat. Und somit beginnt der Kreis des Lebens von vorne ...

Ich habe keine archivarischen Neigungen. Ich finde es ganz in Ordnung, wenn das kleine Buch durch ein paar Hände geht und dann zerfällt wie Herbstlaub. Bei meinen Vorträgen habe ich darüber gesprochen, wie die Inuit sich das Verhältnis von Kunst und Leben vorstellen. Das Inuit-Wort für Dichtung hat dieselbe Wurzel wie das Wort »atmen«. Und doch sprechen die Inuit von ihren Schnitzereien als von einer Art Exkrement, einem Abfallprodukt des Lebens. Ich liebe dieses Paradoxon – dass die Kunst zugleich alles ist und nichts.

Gestern habe ich die Trockenbohnen gepflanzt. Ich bin ein bisschen nervös, weil ich Angst habe, dass die Samen alle verrotten, und dann ist es eine Plackerei, sie zu ersetzen, aber ich hatte noch mehr Angst, dass sie, wenn ich sie jetzt nicht gepflanzt bekomme, keine Zeit zum Reifen haben. Ich habe hauptsächlich die alten Sorten gepflanzt, die ich kenne – *midnight black turtle, agate, pinto, ruckle* –, aber ich habe mich in eine neue verliebt, *mojave*, die ein Patchwork-Muster aus Magentarot und Cremeweiß hat. Die Bohnen sehen so wild und leidenschaftlich aus – ob sie auch nach Leidenschaft schmecken? Ich kann es kaum erwarten, sie zu ernten, um das Innere der Schoten zu inspizieren. Die getrockneten Hülsen sind wie zartes Seidenrascheln, das die Farbe der Juwelen im Innern widerspiegelt. Hast du je das *Genjo*-Buch gelesen? Es ist voll von solchen subtilen Verrücktheiten und Beobachtungen der Farbnuancen und der natürlichen (und unnatürlichen) Welt.

Ich habe am vergangenen Wochenende Stunden damit verbracht, die Reihen zu jäten, die ich angepflanzt hatte, bevor ich weggefahren bin. Ich zerbreche mir den Kopf, wann es einen so klaren Tag gegeben hat, dass ich sie pflanzen konnte, aber ich erinnere mich nur an grauen Himmel und Regen. Wie auch immer, es muss einen solchen Tag gegeben haben, denn die Erbsen, Puffbohnen, Zwiebeln und der Spinat sind alle in ihren Reihen. Die Erbsen zu jäten war eine Enttäuschung, weil sich dabei zeigte, wie armselig zwei Sorten gekeimt haben. Na ja. Die Rote Beete und der Spinat, der Radicchio und das Steckrübenkraut wachsen üppig. Auch die Salate. Ich habe den Feldsalat in eine neue Ecke gepflanzt, wo die Kapuzinerkresse sich letzten Sommer ausgebreitet hat. Ich habe vor, die Zügel fester anzuziehen und sie nicht ganz so wild auswuchern zu lassen, aber ich dachte mir andererseits, wenn der Feldsalat einen guten Vorsprung hat, kann er vielleicht eine willkommene Stütze für wild gewordene Kapuzinerranken sein.

Der Flieder ist in Blüte gekommen und beinahe schon wieder verwelkt, während ich weg war. Fliederbüsche sind ein so starkes Sinnbild für das alte Farmleben. Überall auf diesem Kontinent gibt es alte lila Fliederbüsche, die längst verfallene Gehöfte markieren. Hier waren drei, als wir die Farm gekauft haben – die alte Sorte, nichts Prunkvolles. Besonders einer davon kümmert seit Jahren vor sich hin; es bilden sich wohl Blüten und Blätter, aber sie verschrumpeln und werden schwarz. Jedes Jahr nehme ich mir vor, etwas zu tun, um die Situation zu verbessern, aber der Sommer geht vorbei, ich schneide die verwelkten Blüten ab und vergesse es. Dieses Jahr, in dem Brief an dich, gelobe ich mir, dass ich es nicht vergessen werde. Ich habe einen neuen Fliederbusch gepflanzt, der noch klein ist. Die Blüten sind doppelt und so riesig, dass sie die zarten Zweige fast bis zum Boden herunterdrücken. Ich glaube, mir gefallen die einfachen Blüten der altmodischen Sorte besser.

Ich habe dir im letzten Herbst bestimmt von den Mispeln erzählt. Jetzt habe ich beobachtet, wie sie knospen. Die Knospen sind lang und schlank, winzige Finger-Formen, die sich an den Enden zusammenzwirbeln. Wenn sie aufgehen, sind diese Finger wie Hörner, die die weiße Blüte umgeben. Und ebenso haben die Mispelfrüchte, auch wenn sie rund und plumpbraun sind, kleine, hornartige Auswüchse am Blütenende. Diese geheimnisvolle Kontinuität der Form fasziniert mich – wie Kinder, die schon in den ersten Stunden ihrer Geburt sie selber sind. Manche sind sprunghaft und eng zusammengerollt, andere träge und gelassen, und diese fundamentalen Charakterzüge behalten sie ihr ganzes Leben über bei.

Seit ich diesen Briefwechsel mit dir angefangen habe, verstehe ich allmählich, dass die Heldinnen bei Jane Austen sich so endlos Briefe geschrieben haben. Früher habe ich mich gefragt, was sie sich nur dauernd zu sagen hatten. Jetzt weiß ich es. Das Vergnügen, das wir aus unserer Korrespondenz über die kleinen Dramen der Gartenwelt ziehen, ist eine beinahe verloren gegangene Kunst, abgewürgt vom Telefon und inzwischen auch Fax und E-Mail. In der Welt des »schönen Buchs« wird bereits wild spekuliert, und es breitet sich die Angst aus, dass die Büchereien irgendwann ganz elektronisch sein werden. Doch währenddessen wächst das Interesse an schön ausgestatteten Ausgaben auf Luxuspapier. Vielleicht wird sich in dieser immer schneller werdenden Welt eine Nische für eine langsamere Art des Kommunizierens auftun, für eine Schneckenpost, in der nur die Liebe zum Augenblick zählt, das Wachsen und Werden, das Wort.

Ich war gerade im Erbsengarten – die meisten jungen Erbsenpflanzen haben sich in den Maschendraht hineingerankt, aber ein paar lagen hilflos auf der Erde. Sie erinnerten mich an uns Menschen. Da lagen sie und griffen nach jedem Strohhalm (eine hatte ihre Ranken um winzige Strohmulche-Teilchen geschlungen – der Blinde, der sich von einem Blinden führen lässt). Sie klammerten sich aneinander, ihre tastenden Triebe zu sinnlosen Knoten zusammengeknäuelt. Als ich sie an die Netzwand zurückführte, war es, als ob ihre Rankenfinger ein Bewusstsein hätten, das eine verlässlichere Stütze spürte. Ganz sachte, kaum merklich bogen sie sich zu dem feinen Netzwerk hin. Es erinnerte mich an die Art, wie Säuglinge mit geschlossenen Augen auf eine menschliche Berührung reagieren. Ist dir schon aufgefallen, dass ich in diesem Brief immer wieder auf Babys zurückkomme?

Alles Liebe, Dorothy

4. JUNI *Windig, 13 Grad*

Liebe Dorothy, ich muss immer noch lachen, wenn ich daran denke, wie wir unsere Sämlinge ausgetauscht haben: Du hast mir kleine Artischocken und Tomaten gegeben, und ich habe dir die Videokassette von meinem neuen Enkel überreicht. Ich bin auf etwas völlig Unerwartetes gestoßen: das Großmutterphänomen. Da dachte ich schon, das Leben hätte mir nicht mehr viele Überraschungen zu bieten, und dann passiert das hier. Ich trage Bilder von ihm mit mir herum und lauere irgendwelchen Bekannten auf dem Thrifty's-Parkplatz auf. Ich muss meinen Freunden Abbitte tun, die mir immer Fotos von ihren Kindern und Enkeln geschickt haben, wo ich doch sie sehen wollte und nicht diese Fremdlinge im Puppenstadium. Mir fällt dazu ein Freund ein, der sich im reifen Alter von vierundfünfzig verliebt hat und dann auf einmal verstehen konnte, wie es so vielen anderen Leuten ergangen war, die er im Lauf seines Lebens gekannt hatte. Er hatte sie für total verrückt gehalten – »sich verlieben«, was ist das? Und jetzt sitzt er da mit rotem Gesicht und ist erfüllt von diesem neuen und wunderbaren Lebensgeschenk. Wohingegen ich das Foto meines Enkels mit mir herumtrage, ohne auch nur einen Hauch von Schamröte im Gesicht.

Einen Tag nach Caspians Geburt bin ich durch den Garten gewandert und habe nach dem besten Fleck für seine Hochzeitsfeier gesucht. Kannst du dir das vorstellen? Wenn er früh dran wäre, mit fünfundzwanzig oder so, wäre ich zweiundachtzig, und wenn er klugerweise erst mit Mitte dreißig heiraten würde, müsste ich bis ins hohe Alter von zweiundneunzig durchhalten! Diese Zahlen markieren neue Zeitdimensionen. Der Tod unseres letzten Elternteils ist sicherlich etwas, von dem wir wissen, dass es kommt, und meistens kommt es ja auch nicht unerwartet. Aber die Hochzeit eines Enkels planen? Ich komme ins Phantasieren, und alles dreht sich dabei um das Land, um das Draußen, die Natur, die Gesundheit und Vollkommenheit dieses Anwesens. Vielleicht wird er sein wie ich und das alles hier lieben lernen. Vielleicht wird er derjenige sein, der den Handelsgarten auf der vorderen Wiese anlegt.

Seine Geburt lässt alles schöner und kostbarer erscheinen – wie kann das sein? Ich gehe unter den Laubengängen, sehe ihn im Sandkasten spielen (der noch gar nicht da ist), sehe ihn die sanften Grashänge hinunterkullern, sehe ihn als Erwachsenen dort stehen. Die Geburt dieses Jungen erweckt in mir das Bedürfnis, die Arme nach meinen Großeltern auszustrecken, sie an den Händen zu fassen und zu uns hereinzuholen. Aber noch mehr wünsche ich mir, ich könnte dieses Kind meiner Mutter und meinem Vater in die Arme legen. Eine Leere klafft in mir auf, und ich breche in Tränen aus. Niemand, dem ich in die Augen sehen und bei dem ich nach Familienähnlichkeiten suchen könnte. Niemand, zu dem ich sagen könnte: »Er ist genau wie unser Großonkel«. Ich suche auf den Familienfotos nach Ähnlichkeiten mit ihm. Die verblichenen Spinnräder meines Lebens zeigen mir verzerrte Bilder aus meiner Vergangenheit.

Der Tag seiner Geburt, der 23. Mai, war zugleich der Tag, an dem das Wetter umschlug: von Winter zu Sommer. Ich bin so hektisch herumgestürzt, um alles Blühende zusammenzuraffen, dass ich keine Zeit zum Hinschauen hatte. Am Tag seiner Geburt kamen die kleinen Meisen aus ihrem Nistkasten (die, von denen wir beobachtet hatten, dass sie von den Waschbären belästigt wurden), von dem lauten Geschrei ihrer Eltern hervorgelockt: »Raus mit euch, raus mit euch, eure Kindheit ist zu Ende!« Vogelkinder allüberall – Towhees* mit fuchsroten Seiten, die in nichts ihren Eltern gleichen außer der weißen Markierung auf ihren kecken Schwanzfedern (die Bewegung der Schwanzspitze verrät sie), Sperlinge, Stare, Finken, Meisen, Rotkehlchen, Krähen, rotgeschwänzte Stärlinge, Kuhstare, Zaunkönige und so viele, die so schnell davonschwirren, dass ich sie nicht identifizieren kann. Grüppchen von zwei bis vier Jungvögeln jagen ihren Eltern nach und betteln sie um Futter an. Ich muss daran denken, wie ich jedes Mal, wenn eins von unseren erwachsenen Kindern zu Besuch kommt, beim Abschied zu ihnen sage: »Ihr werdet hier immer eine Bleibe haben (mit einer Bewegung zum Gästewohnwagen hin) und genug zu essen, wenn ihr kommt.«

Komisch, dass wir vom »leeren Nest« reden, wenn wir die Leere meinen, unter der Menschen manchmal leiden, wenn ihre Kinder »ausgeflogen« sind. Vögel locken ihre Jungen erbarmungslos aus dem Nest, und dann werden sie gejagt, um die flügge gewordene Brut zu füttern (oder zumindest sieht es von unserer Perspektive so aus). Der ganze Vorgang verlangt sehr wenig Zeit und gar keine Gefühle. Das durchdringende Piepsen der flaumigen Vogelbabys übt eine ungeheure Suggestivkraft aus – wie das Schreien von Menschenbabys –, und die Eltern müssen darauf reagieren. Wir haben noch ein Rotkehlchen, das über der Schlafzimmertür nistet, über der Stelle, wo die Stromleitung ins Haus führt, deshalb müssen wir

* Eine amerikanische Finkenart, A. d. Ü.

dort vorsichtig auftreten. Wir können nie zur Hintertür hinausgehen, weil die Futterapparate ständig in Betrieb sind. Heute morgen *musste* ich einfach zur Hintertür raus, also habe ich ganz sanft geklopft, um die Vögel zu warnen, dass ich komme. (Ja, du hast richtig gelesen – immer schön anklopfen, bevor man das Reich der Vögel betritt!) Die Bäume und Büsche rücken uns so nahe auf den Pelz, und wir werden langsam ein bisschen meschugge von dem ganzen Vogelbaby-Gepiepse und -Gequieke, das uns tagaus, tagein in den Ohren gellt. Ich bin schon in Versuchung, meine Baustellen-Ohrenschützer überzustülpen, aber ich möchte dieses kurzlebige Drama nicht verpassen.

An dem Tag, an dem Caspian seinen Eintritt in die äußere Welt vollzog, baute Ron die Laube für den riesigen Geißblattstrauch neben der Vordertür. Der Bogen, der aus einem Zedernpfosten und zwei behandelten Querbalken gemacht ist, hat das ganze Flair der Vordertür und der Terrasse verändert. Ich mache die Tür auf und sitze unter diesem kleinen Dach, rieche den Geißblattduft und sehe dem übermütigen Treiben des Vogel-Kindergartens in der Obstwiese unten zu. Heute morgen habe ich ein Knäuel von stecknadelkopfgroßen, frisch geschlüpften Spinnen entdeckt, die ihre Haltefäden über das eingetopfte Springkraut spannten, als wollten sie es verzieren. Die Sonne ließ ihre goldenen Körper und ihre feinen Netze aufleuchten. Wir tauften die Geißblattlaube »Caspians Bogen«. Sie hat sich alsbald zu einem beliebten Treffpunkt gemausert; wir haben Fotos von Rons Söhnen darunter gemacht, an dem Tag, als wir Bens Geburtstag und Hughs Highschool-Abschluss gefeiert haben. Dieses Jahr ist offensichtlich das Jahr der Lauben. Ron hat schon drei gebaut und nimmt jetzt den Vogelbeerbusch in Angriff, der schon vor langer Zeit das Ostende des Hauses überwuchert und erdrückt hat, samt der riesigen Treppe und allem. Ron plant einen gewaltigen Laubengang, aus Betonrippenstahl-Streben und Holz, der einen langen Tunnel durchs Gebüsch bilden soll.

Ich liebe dieses Jahr, jetzt, wo der Sommer da ist, obwohl es mir vorkommt, als hätte ich monatelang im Koma gelegen. Vielleicht war es ja bei allen anderen Frühling, während ich geschlafen habe? Irgendwas stimmt nicht, das steht fest. Es ist ein komisches Gefühl, das mich immer wieder aus dem Gleichgewicht bringt. Wir nehmen selbst ausgesäte Pflanzen, um die Flächen zu füllen, die nach Blumen schreien. Aber es ist kein gutes Jahr für »Freiwillige«. Die Kapuzinerkresse ist heraus, sieht aber wie eine Ansammlung von verschrumpelten alten Männern aus. Beatrices selbst ausgesäte Strohblumen sind hochgekommen, aber die Wachteln waren so gierig auf Grünes, dass sie sie aufgefressen haben. Die Wachteln haben auch deine Astern gefressen, sobald sie aus dem Boden gekommen sind. Als wir merkten, was sich da abspielte, hat Ron die heimgesuchten Pflanzen abgedeckt, aber jetzt sind die Büschel alle ungleichmäßig, und hier und da fehlt auch eines. Ob es die Wachteln waren oder das Wetter, wer kann das sagen? Bis jetzt gibt es keine selbst ausgesäten Kürbisse, aber es war auch noch nicht warm genug. Zum ersten Mal in all den Jahren ertappe ich mich dabei, dass ich ängstlich Ausschau nach ihnen halte – wenn auch nur einer auftaucht, wird in meiner Welt alles in Ordnung sein. Der Rosenapfelbaum, der so langsam in die Gänge gekommen ist, blüht immer noch. Er hat nur an zwei Stellen geblüht, und die Blüten haben sich in einem Abstand von mindestens einem Monat geöffnet! Ich habe die Blüten mit Schildchen markiert, damit ich beobachten kann, wie die Äpfel sich bilden, falls ich das Glück haben sollte.

Ron ist jeden Tag damit beschäftigt, die Zeltraupennester herauszuschneiden. Als ob der kalte, feuchte Frühling nicht schon schlimm genug gewesen wäre, sind wir jetzt auch noch mit einer wahren Zeltraupenschwemme gestraft. Ich hasse sie: In der Sonne lassen sie wie verrückt ihre Leiber hin und her schnellen und rotten sich an diesen widerlichen Netznestern zusammen. Sie fallen von den Bäumen auf mich herunter, und ich spüre, wie sie in meinem Haar oder auf meinen Kleidern oder sogar auf meinen Bettdecken herumkrabbeln. Oh Gott! Als Holden drei und vier und fünf war, hat er mit Zeltraupen gespielt; sie waren seine Freunde, ganze Händevoll hat er ins Haus gebracht, zuckende, verschlungene Pelzknäuel. Mir wurde speiübel davon. Er hat mich wie eine Verräterin behandelt, als er mich dabei ertappte, wie ich sie umbrachte. Einem Kind kann man nicht begreiflich machen, warum die Achtung vor allem Leben manchmal auch Ausnahmen zulässt. Und ich selber bin mir da auch nicht mehr so sicher.

Nach diesem letzten Jahr von Tod und Geburt sehe ich unsere Welt so im Chaos, die Weltbevölkerung so außer Kontrolle. Ein Problem, das nicht einfach zu lösen ist. In meinen jüngeren Jahren, als ich noch in dem Glauben lebte, dass die Dinge sich leicht wieder ins Lot bringen ließen, hatte ich das Gefühl, dass zumindest China einen vernünftigen Versuch unternahm, sein Bevölkerungswachstum in den Griff zu bekommen. Wenn ich geahnt hätte, dass es zu einem solchen Desaster führen würde! Vorgestern Abend habe ich *The Passionate Eye* im Fernsehen angeschaut, ich habe hingestarrt, bis ich nicht mehr konnte: entsetzliche Bilder von chinesischen Waisenhäusern, die mit kleinen Mädchen gefüllt waren, Babys, von ihren Eltern weggeworfen, die lieber einen Jungen haben wollten und nur ein Kind bekommen durften. Ich bin so voller Wut, Widerwillen, Fassungs- und Hoffnungslosigkeit. Wir kämpfen vergeblich mit Problemen wie Geburtenkontrolle, Gleichberechtigung, dem Recht auf ein menschenwürdiges Sterben. Ron versichert mir immer, dass dieses ganze verrückte Chaos und Ungleichgewicht auf unserem Planeten nur eine Durchgangsphase sei; dass die Dinge sich wieder einrenken werden.

Unsere Gartenpläne haben sich im Lauf dieses turbulenten Frühlings verlagert und verändert. Unsere Richtschnur ist dabei das fehlende Geld, meine Rückenprobleme, die noch zusätzlich zu meiner Krankheit hinzugekommen sind, und der nur zögerlich einsetzende Frühling. Wir freuen uns an dem, was schon da ist. Unsere Pläne beinhalten noch mehr Laubengänge, die aus den Bäumen selber bestehen sollen. Wir werden die Hexenbäume (die Holzäpfel) zu Tunneln ziehen. An einem Morgen wie diesem hier könnte ich leicht Schuldgefühle bekommen – ich hier im Paradies, und in der Welt draußen nichts als Aufruhr, Leiden, Krieg und Zerstörung. Noch mehr Grund, das Wunder in all dem hier zu sehen und zu würdigen. Hier, in unserem Raum unter dem Blätterdach, führen wir ein wunderbares Leben.

Ich gehe hinaus, wandere auf diesem Land herum und rieche die himmlischen Düfte. Ich stelle fest, die Welt ist hier, direkt vor meiner Nase. Die Erde hat Milliarden von Geschichten, und eine davon ist meine.

Alles Liebe, Carol

P. S. Der Teich hat sich erholt, ist voller Leben und Seerosenblätter, die lila gefleckte Wasser-Iris und die wilden gelben Sumpf-Lilien blühen. Auf den Stängeln der Teichkolben liegen schöne Hüllen, die die Libellenlarven abgeworfen haben. Die Fische, die überlebt haben, entwickeln sich zu Riesen, und ein Frosch hält Hof auf den Blättern einer namenlosen Wasserpflanze. Ich habe eine dicke Schnecke gesehen, die verkehrt herum im Wasser schwamm, so wie sie es machen, und ihre Bauchseite schimmerte wie durchsichtiger Bernstein. Die Teichkolben haben sich festgesetzt und in einem Muster ausgebreitet, wie es kein Künstler besser ersinnen könnte. Soweit ich sehe, setzt Evie, die Königin der Seerosen, rote Blütenknospen unter dem Wasser an. Wenn nur der Teich und die ganze Natur an diesem Punkt stillstehen könnte – nur für eine kleine Weile.

CAROLS TAGEBUCH

Bei meinem Termin bei der Urologin am Montag habe ich erfahren, dass die ganzen Blasenprobleme, die ich jetzt schon seit zehn Jahren mit mir herumschleppe, auf ein Phänomen namens Interstitielle Cystitis zurückgehen, das bei Frauen mit Chronischem Müdigkeitssyndrom sehr verbreitet ist. Zehn Jahre lang habe ich immer wieder geschildert, was sich da abspielt, und es wurde einfach abgetan oder fehldiagnostiziert, weil es ja so einfach ist, Antibiotika zu verschreiben. Ich habe die Erfahrung gemacht, dass die meisten Ärzte keine Zeit haben, wirklich zuzuhören, und selbst wenn sie es tun, können sie sich beim nächsten Mal nicht mehr daran erinnern und die Fakten miteinander in Verbindung bringen. Aber als ich es jetzt alles wieder dieser neuen Ärztin erzählt habe, hat sie es als Interstitielle Cystitis diagnostiziert. Ich hatte schon davon gehört und es mir auch schließlich mehr oder weniger zusammengereimt. Jetzt ist es offiziell.

Nächste Woche habe ich einen Termin bei einem Neurologen/Internisten in einem Krankenhaus in Victoria, und ich sorge mich jetzt schon halb zu Tode. Ich weiß, ich werde mich hinterher hinlegen müssen. Wenn ich einfach so tue, als ob ich ohnmächtig würde, treiben sie bestimmt eine Liege in irgendeinem Winkel für mich auf. Ich bin krank, und ich bin es leid, dass es keine entsprechenden Einrichtungen für quasi bettlägerige Leute wie mich gibt. Das Personal ist immer total schockiert, dass ich mich hinlegen muss. Es ist unglaublich. Leute, die unter so schweren Erschöpfungszuständen leiden und so viele schlechte Phasen haben wie ich, bleiben normalerweise in stationären Einrichtungen, oder sie werden mit einem Krankenwagen hergebracht. Es gibt keine Versorgung für Menschen wie mich, die irgendwo dazwischen sind.

Was ich auch mache – und wenn es mir noch so angeraten wird –, es bessert nichts an meinem Zustand. Ich weiß nicht, was los ist, und ich finde einfach keine Antworten darauf. Also haben Ron und ich gestern beschlossen, dass wir das Swimmingpool-Ritual von jetzt an jeden Tag machen und dieses Haus in einen Gesundheitspark umwandeln. Ron wird immer mehr die Behandlungen und Massagen übernehmen, und ich werde mich mehr auf meine therapeutischen Bewegungsübungen konzentrieren und weniger von allem anderen machen. Das Schreiben habe ich fast ganz aufgegeben. Ich brauche meine ganze begrenzte Energie, um meinen Muskeltonus wieder aufzubauen – oder es zumindest zu versuchen. Ich verliere meine Beweglichkeit und muss mit ständigen Beschwer-

den durch die Überlastung der Muskeln, mit Schmerzen und Taubheitsgefühlen leben. Niemand kann mir sagen, was ich tun soll, weil niemand weiß, was los ist. Wir befolgen die Ratschläge, die wir bekommen, und tun unser Allerbestes.

10. JUNI

Liebe Carol, vor ein paar Tagen bin ich mit der Post an der Einfahrt entlang zum Haus zurückgelaufen. Es gibt dort eine Stelle, wo die Weißdornbüsche von beiden Stellen hereinwachsen und beinahe einen Bogen bilden. Normalerweise bin ich in Gedanken, versuche zu erraten, wer mir schreibt, aber aus irgendeinem Grund habe ich an jenem Tag das Baumportal als eine Schwelle zu diesem Erdenfleck empfunden, an dem wir jetzt seit dreiundzwanzig Jahren herumpfuschen, zu diesem geheimen Garten. Dann ging ich durch den »Torbogen« und schaute zu der riesigen Scheinakazie hinauf, die vor dem Haus steht. Sie war immer der Anker dieses Hauses, mit ihrer ulmenartigen Vasenform. Es ist ein brüchiger Baum, der in den Winterstürmen Rindenstücke und Astttrümmer abwirft. Letzten Sommer war Rudy in Panik, weil sich zwischen den beiden Hauptästen ein schrecklicher, klaffender Riss herunterzog. Wir ließen einen Baumchirurgen kommen, der den Baum beschnitten hat. Jetzt ist nur noch ein großer, stumpfer Stummel da, wo sich vorher der nunmehr amputierte Ast in einem sanften Bogen wölbte.

Als ich so dastand, spürte ich den Verlust, spürte den Phantomast, als ob ich die Scheinakazie wäre. Ich sah den Baum als Metapher für uns kämpfende Menschen, hier und da verstümmelt von dem, was wir im Leben einstecken müssen, aber fähig, es auszugleichen, so dass wir jeden Frühling wieder neu ausschlagen, Sommerschatten zu spenden, den Vögeln einen Rastplatz und Ausgangspunkt zu bieten, einer dornigen Schwarzen Himbeere als Stütze zu dienen. Mit Moos und Warzen bedeckt steht die Scheinakazie da, wie sie wohl schon seit siebzig oder achtzig Jahren dagestanden hat. Vor einiger Zeit haben wir ein altes Negativ entwickeln lassen, das wir gefunden haben, als wir den Linoleumboden in Cicelys Zimmer herausgerissen haben. Es zeigt das Haus mit seiner ursprünglichen Holzverschalung, einen kleinen Lattenzaun und die Scheinakazie. Es gab zwei Scheinakazien damals, je eine auf beiden Seiten des Wegs zur Haustür, beide noch junge Bäume. An der Hintertür war noch eine dritte, als wir die Farm gekauft haben, aber sie war krank, und so haben wir sie gefällt. Jetzt gibt es nur noch diese eine. Sie würde hinken wie ein dreibeiniger Hund, wenn sie gehen könnte, aber wie bei einem Menschen versuche ich ihre Vitalität zu bewundern und den unschönen Stummel als Symbol für ihre ganz besondere Geschichte zu sehen.

Auch wir haben gegen die Zeltraupen gekämpft. Es liegt so viel Ironie darin. Ich habe in letzter Zeit mit der Metapher »Spinnen und Netze« gearbeitet, mit dem Gedanken, dass der Künstler sein Werk mit dem produziert, was er aus seinem Körper herausspinnt. Und hier sind wir nun von diesen üppigen Netznestern umgeben, und ich ekle mich davor. Rudy attackiert sie weiterhin fleißig an den Obstbäumen, aber bei den Bäumen und Sträuchern, die nichts als Schönheit hervorbringen, hat er es aufgegeben. Die Weißdornbüsche sind voll davon. Die Zeltraupen umhüllen die Zweigspitzen mit klebriger Gaze. Dann sitzen sie auf ihren Netzen und wedeln mit ihren Vorderenden, ein grausiger Lockversuch. Von nahem betrachtet haben sie ihre eigene Art von Schönheit – ein feines Rautenmuster in subtilen Onyxfarbtönen. Sie liegen dort auf ihren Netzen, eng aneinander gedrückt, und winden sich sachte. Ich muss dabei an die Schlangengrube denken, die wir letzten Sommer in Manitoba gesehen haben. Je stärker sie sich vermehren, desto häufiger finden wir Zeltraupen einzeln oder in Paaren auf den Blättern des wilden Kirschbaums, der schwarzen Johannisbeeren, der Kartoffelrosen, der blühenden Quitte.

Diese Zeltraupen scheinen überhaupt nichts zu machen, nicht einmal fressen. Sie liegen einfach herum – bleiern, träge. Ist es bloß die Vorhut, die eine neue Kolonie auskundschaftet und auf Verstärkung wartet, bevor sie ihre Außenposten aufstellt, oder waren sie eine Zeitlang zu gierigen Fressorgien dienstverpflichtet und haben jetzt einen wohlverdienten Kurlaub an einem Tropenstrand genehmigt bekommen? Diese elenden Fressmaschinen plündern und verschlingen das ganze grüne Labsal, nach dem wir so gehungert haben. Wenn sie fertig sind, hinterlassen sie eine unverdauliche Architektur – zähe, organische Gänge, die verwaist dastehen wie die zerbröckelnde Ruine einer großen Kathedrale. Sie klettern an dem Maschendraht hoch, der den Rhabarber und die Erdbeeren schützen soll, und bleiben dort hängen wie gestrandete Wale. Soweit ich sehen kann, fressen sie keinen Draht. Manchmal lese ich sie ab und zerquetsche sie. Manchmal lasse ich sie einfach hängen. Es macht sowieso keinen Unterschied – sie sind so allgegenwärtig dieses Jahr –, außer für mich und die Gefühle, die ich dabei habe. Ich töte nicht gerne, nicht einmal Zeltraupen.

Vor Jahren hatten wir eine Schwarze-Schnecken-Plage. Sie lagen auf den Gartenwegen, so dick wie Eisenspäne. Sie waren überall und fraßen und fraßen. Ich deponierte Gläser im Garten, in die ich sie hineinwarf, ich schnitt sie mit einer Schere in zwei Hälften, ich packte immer zwei auf einmal und schleuderte sie in die Waldstücke der Nachbarn, schickte sie auf einen wilden Hochzeitsflug. Vor ein paar Wochen haben wir Freunde auf Thetis Island besucht. Es ist dort sehr waldig, gefiltertes Licht zwischen den großen Bäumen, ideales Schneckenland. Die Schnecken mästen sich an allen Pflanzen, die unsere Freunde anbauen. Also stecken sie spitze Stöcke in die Beete, an denen sich die Schnecken schnell und erbarmungslos aufspießen sollen. Als sie zum ersten Mal ihre Schneckenkrieg-Litanei anstimmten, habe ich noch großartig verkündet, dass auch Schnecken fühlende Wesen seien. Nach einem Gang durch ihren Garten war ich bereit, mit eigenen Händen eine Schneckenvernichtungsrazzia zu starten.

Überall im Himalaja-Gebiet stellen die tibetischen Buddhisten Gebetsfahnen auf und drehen ihre Gebetsmühlen. Die Bewegung des bedruckten

Papiers oder Stoffs schickt Gebete für alle fühlenden Wesen in die Welt – für Hunde, Yaks, Krähen, Menschen, sogar Schnecken und Zeltraupen. Das ist der Trick, scheint mir – selbst im Belagerungszustand mitfühlend zu bleiben. Ich erinnere mich, wie vor ein paar Sommern mehrere tibetische Mönche zwei Wochen lang damit beschäftigt waren, ein Sand-Mandala in der Victoria Art Gallery zu schaffen. Eines Tages hat sich eine Fliege auf das Mandala gesetzt, ist darauf herumgeschwirrt und hat einen Teil des komplizierten Musters zerstört, bevor die Mönche sie vorsichtig wegholen konnten. Dann haben die Mönche die verwischte Zeichnung geduldig ausgebessert. Ob ich wohl lernen könnte, so frage ich mich, mitfühlend gegenüber diesen widerlichen Gartenplagen zu sein? Offensichtlich habe ich noch einen langen Weg vor mir.

Die Rosen in der Einfahrt sind alle in Blüte, einzelne rosarote und weiße mit leuchtend gelber Mitte. Ich hatte gestern plötzlich den Drang, an einem rosa Blütenblatt zu knabbern. Es war ein sehr kräftiger Geschmack und leicht bitter. Ich fühlte mich in meine Kindheit zurückversetzt, als ich mit Begeisterung Rosen gegessen habe. Mit sechs Jahren war ich Brautmädchen bei der Hochzeit einer Tante und eines Onkels. Nach der Hochzeit legte ich mein Ansteckssträußchen mit den rosa Rosenknospen in den Eiskasten, wie wir es damals nannten, mit der Absicht, sie am nächsten Tag zu verspeisen. Leider ist mir mein großer Bruder zuvorgekommen und hat sie noch in derselben Nacht verschlungen. Ich war schrecklich enttäuscht. Jedenfalls bin ich so glücklich mit den Rosen, dass ich vielleicht ein paar Triebe abschneiden und versuchen werde, weitere sechs oder acht Pflanzen zu etablieren. Das müsste wesentlich schneller gehen, als wenn man sie aus den Samen zieht, wie ich es bei den jetzigen getan habe.

Deine Vision von Caspians Hochzeit in eurem Garten hat mich sehr bewegt. Das ist ein ziemlich fremder Gedanke für mich, einer, der mich neidisch macht. Seit die Verstädterung um uns her fortschreitet, trage ich mich mit dem Verzweiflungsgedanken, von hier wegzuziehen – egal wohin, Hauptsache weit weg von diesem gierigen Stadtmonster (hört sich schon wieder nach Zeltraupe an), das sich hier immer breiter macht. Einstweilen aber, und weil ich von Haus aus sehr schlecht im Umziehen bin, haben wir Walnussbäume gepflanzt, nur für den Fall, dass wir vielleicht doch noch länger als erwartet hier herumhängen. Jetzt sind wir lange genug hier, um unsere Walnussernte einzubringen. Walnussbäume zu pflanzen ist immer ein Pakt mit der Zukunft, denn sie brauchen länger als fast alles andere, bis sie Früchte tragen. Als wir sie vor siebzehn Jahren gepflanzt haben, war ich sicher, dass wir bis dahin längst nicht mehr da sein würden. Wir haben vor, ein weiteres Kastanienpaar zu pflanzen (die Maultiere und das Wild haben das letzte Paar gefressen) – wieder ein Pakt mit der Zukunft, und trotzdem reden wir vom Umziehen. Ich müsste entweder die Dinge so akzeptieren können, wie sie sind, und endlich selber dauerhaftere Wurzeln schlagen, oder aber meinen Hintern hochkriegen und zu anderen Gefilden aufbrechen. Ich bin ein Zaungast, zumindest in diesem Bereich. Aber ich freue mich schon auf Caspians Hochzeit, da es dir ja anscheinend besser gelingt, sesshaft zu werden.

Auf der Kolkwitzia amabilis sitzt gerade ein Monarch, und die Kolibris schwirren an der alten Weigelie herum und saugen Nektar. Beide Sträucher, zur Zeit ganz mit röhrenförmigen rosa Blüten bedeckt, müssen für die Flatterflügel wie träge, üppige Huren sein, die mit weit offenen Schenkeln daliegen. Die Bienen sind auch überall, kriechen über die Rosen und in die blühenden Sträucher. Auf der Post gestern waren mehrere Umschläge mit Bienen, die verschifft werden sollten. Die Bienen summten leise, eingebettet in ihre Posthüllen, ein unendlich friedliches Sommergeräusch.

Ich habe weitere Mispel-Forschungen angestellt. Wenn die Blütenblätter herunterfallen, kann ich die Hörner, die ich beschrieben habe, über der Stelle sitzen sehen, die sich jetzt zu etwas wie einem Bauch aufwölbt, die aber zu der reifen Frucht anschwellen wird.

Vor über dreißig Jahren habe ich durch einen College-Freund Leonard Bernsteins musikalische Version von Voltaires »Candide« kennen gelernt. Es wird diesen Monat in Vancouver gespielt, und ich habe gerade Karten mit der Post bekommen. Ich höre mir immer wieder das Schlusslied an, das die Protagonisten nach Jahren entsetzlicher Unglücksfälle und Enttäuschungen singen: »And let us try before we die to make some sense of life. We'll build our house and chop our wood and make our garden grow.«* Komisch, und doch auch wieder nicht, dass bereits vor Jahrhunderten die Dichter in China ähnliche Vorstellungen über die wohltätigen Kräfte des Gartens zum Ausdruck gebracht haben. Es ist so leicht, in unserer verrückten Welt von den Quellen des Lebens abgeschnitten zu werden (und wahrscheinlich hat es in den letzten paar Jahrtausenden noch viele andere verrückte Zeiten gegeben). Der Garten, ob angelegt oder wild, bringt mich immer wieder auf die Erde zurück. Es ist auch leicht, in den Fehler zu verfallen, dass man das Leben im Garten idealisiert. Deshalb gibt es die Zeltraupen, nehme ich an. Ich kann mir jedenfalls kein eindringlicheres Bild für die gefräßige Energie des Lebens vorstellen. Stoff zum Nachdenken.

Alles Liebe, Dorothy

12. JUNI *5 Seerosen blühen*

Liebe Dorothy, das Zitat aus deinem letzten Brief – dass wir dem Leben einen Sinn geben sollen, bevor wir sterben – hat mich über so vieles nachdenken lassen. Ron sagt oft, dass er hier auf diesem Land am glücklichsten sei und sein Leben so ausgefüllt wie noch nie. Als ob er die ganze Zeit nur darauf gewartet hätte, wirklich zu leben. Für ihn ist es das Höchste, am Haus herumzubauen, den Boden umzugraben, den Garten zu bepflanzen. Und ich habe das Gefühl, dass ich hier zumindest in meiner Haut leben kann.

* Etwa: So lasst uns, eh der Tod uns naht, dem Leben Sinn verleihn. Wir baun unser Haus und hacken unser Holz und pflanzen die Kartoffeln ein.

Wir experimentieren mit dem »gefürchteten Himalaja-Springkraut«, indem wir die Pflanzen radikal zurückstutzen. Sie säen sich überall wie verrückt aus und werden dann spindelig und groß, und schließlich fallen sie im Regen oder Wind oder in Trockenperioden einfach um. Ich hoffe, ich finde einen Weg, wie sie den ganzen Sommer über ihren Zweck erfüllen. Ron geht so behutsam mit der Schere um. Ich sage zu ihm: »Du musst tiefer schneiden, sonst fallen sie um.« Darauf er: »Aber dann sterben sie vielleicht.« Ich musste wirklich lachen. Springkraut und sterben?

Mein Gartenbett steht unten am Teich, also entdecke ich dieses Jahr das Wachstum der Teichkolben. Ach, wenn der Wind in diese frühlingsgrünen Gebilde an der Spitze der Stängel fährt – die sich entwickelnden Samenkapseln –, dann müsstest du sehen, wie es daraus hervorzischt, Wolken von grüngelbem Rauch, der in der Luft hängt, nur für Sekunden sichtbar. Als ich es zum ersten Mal erlebte, musste ich an Ron mit seinem Asthma denken und konnte nur hoffen, dass er nicht in diese Pollen-Wolke hineinlaufen würde. Die Samenkapseln bilden sich schnell, ändern sich jeden Tag, als wären es Kunstwerke, zu denen allnächtlich der Künstler kommt, um an ihnen zu arbeiten. Die Samenkapseln sehen aus wie postmoderne Totempfähle. Es ist schon fast zu spät, um diese atemberaubenden Veränderungen zu fotografieren und aufzuzeichnen. Das wird dann ein Projekt für nächstes Jahr sein.

Den Teich zu beobachten ist faszinierend. Die Zeit vergeht sehr schnell, obwohl auf dem Teich alles gemächlich abläuft. Ich lerne die Gewohnheiten der Vögel kennen, von denen mich einige sofort entdecken und davonfliegen, während andere mich nie bemerken und im Wasser baden. Von den Fischen bekomme ich nichts zu sehen, außer wenn sie plötzlich die Richtung wechseln oder davonschießen und so das Wasser aufstören. Mein Blickwinkel ist natürlich aus Betthöhe. Libellen flitzen scheinbar ziellos herum. Die Frösche sind lustige Burschen. Einer sitzt jeden Tag auf dem Seerosenblatt, das mir am nächsten ist. Er sitzt dort stundenlang, ohne sich zu rühren, und dann, urplötzlich, springt er hinein und macht seine Grätschstöße unter Wasser, so dass der ganze Teich erbebt und Wellen schlägt. Das wiederum setzt die Reflexbewegungen der Teichkolbenstängel in Gang, die heftig ins Schwanken geraten und sich zu den unterschiedlichsten Formen verbiegen. Währenddessen machen die Vögel, die von den Feldern nebenan hereinkommen, auf der Zypressenhecke an der Nordseite unseres Grundstücks Rast. Ich habe einen Adler hoch über dem Teich kreisen sehen, ohne jeden Flügelschlag, aber er war lange genug hier, dass mir ein bisschen mulmig dabei wurde. Gestern habe ich auf dem Landefeld ein Kaninchen gesehen; die Sonne stand hinter ihm, so dass seine Ohren feuerrot und ganz unkaninchenhaft ausgesehen haben. Die Seerosen haben ausgeblüht, aber die Wasseriris blühen jeden Tag, mal hier, mal dort ein paar, wobei jede Blüte nur ein paar Tage überdauert. Es gibt so viel Grünes um den Teich, dass ich mich darin verliere, während meine Augen immer wieder von neuem die zahllosen Formen zu erfassen versuchen. Die Farben sind verändert und wie verzaubert, wenn man sie im Wasser widergespiegelt sieht.

Der offizielle Sommeranfang steht kurz bevor, und Ron hat die Sämlinge noch nicht gepflanzt. Trotz all dem Gerede, was ich alles nicht mehr tun soll, habe ich Mittel und Wege gefunden, und ich habe jetzt so viele Sämlinge, dass ich sie verschenke. Gärtner finden immer einen Weg. In den Nächten geht die Temperatur oft noch auf sechs Grad herunter, und selten steigt sie auf zehn Grad. Das ist kein Jahr für wärmeliebende Pflanzen.

Alles Liebe, Carol

P. S. Die selbst ausgesäten Kürbisse sind noch zahlreicher gekommen als je zuvor. Es sind auch kleinere Sämlinge da, offensichtlich Melonen von den Salaten, die wir immer machen. Ron hat ein paar davon umgepflanzt,

obwohl sie keine Chance haben, reif zu werden. Mir geht es wie dir mit deinen Papier- und Buchschöpfungen – was für mich zählt, ist nicht das Endergebnis, sondern der Entwicklungsprozess. Ohne die Briefplaudereien mit dir wäre ich nie dahintergekommen, wie wichtig die Garten- und Naturbeobachtungen für mich sind. Deshalb sage ich immer: »Gärtnern ist einfach.« Ich bin hauptsächlich an den Entdeckungen interessiert, und weniger an den Ergebnissen. Es gibt keine wirklichen Misserfolge – nur Dinge, die man lernen und beobachten kann.

Neun Seerosen blühen, und zwei Frösche sind im Teich.

26. JUNI

Liebe Carol, ich habe das violette Gras am Zaun entlang studiert. Es ist nur violett, wenn man direkt davor steht. Ich muss jahrelang daran vorbeigegangen sein, ohne es zu sehen. Es kommt als schmale Säule herauf, heideähnlich in der Färbung. Beim Reifen breitet es sich aus wie ein Chinesischer Tuschepinsel, dann wölbt es sich zu einem duftigen Schaum. Wenn du schnell daran vorbeigehst, würdest du meinen, dass es grün ist, was ja auch in gewisser Weise stimmt, grün auf einer staubig grünvioletten Skala. Ich muss dabei an die Abstufungen in unseren Emotionen denken. Wir sprechen von Wut, aber Wut ist oft mit Kummer vermischt, und Kummer mit Reue. Gefühle haben auch unterschiedliche Farben, je nachdem, aus welcher Distanz man sie betrachtet – jetzt gegenüber vor einem Jahr oder vor zehn Jahren. Die intensivste Violettfärbung hat das Gras in seinem frühesten Stadium, um dann in seiner mittleren Wachstumsphase zu Lavendelgrau zu verblassen. Ich bin schon gespannt, wie es weitergeht.

Über dem Zaun drüben sind mehrere Morgen Wiesengras, das nur darauf wartet, gemäht und geschobert zu werden, damit die Maultiere den ganzen Winter über etwas zu fressen haben. Der Vorgang des Grasschneidens ist unglaublich schön. Jede Spur, die die Mähmaschine zieht, lässt neue Schwaden niedersinken, jede Schneise verändert die Konturen der

Landschaft. Ich bekomme eine Ahnung davon, wie es gewesen sein muss, als die ersten Pflüge den Prärieboden aufgebrochen haben. Aber das liegt in der Zukunft. Im Augenblick weht das Gras im Wind, ganz grün und graugrün und gelbgrün und flächsern wie gebleichte Knochen. Hier und da gibt es Stellen mit violetten Wicken dazwischen oder Gänseblümchen-Gesprenkel oder Flecken mit den gefürchteten gelben Butterblumen, die in der Sonne golden schimmern. An manchen Stellen ist das Gras dick und schenkelhoch. Wenn ich so darauf hinunterschaue, habe ich das Gefühl, über einem großen Waldbaldachin zu stehen. An anderen Stellen wächst es nur spärlich (Rudy würde sagen, es muss gedüngt und neu gesät werden), und ich sehe durch die einzelnen Schichten, wie wenn man in einen Waldtümpel blickt. Ich kann durch die grünen Tiefen bis auf den Boden schauen und stelle mir eine ganze Welt von Spinnen und Mäusen und Schnecken darunter vor. Wenn das Heu zu Ballen gepresst wird, gibt es mindestens einen, in dem sich eine Schlange verfangen hat, die sich in ihrer Falle aus komprimiertem Gras windet, bis sie schließlich still wird. Ich kann auch durch die seitlichen Schichten sehen. Vom Wind bewegt, riffeln sich die Gräser zu kunstvollen, durchsichtigen Schraffierungen auf. Jede Grasart hat ihren eigenen, unverwechselbaren Rhythmus. Ich kann beinahe ihre Stimmen hören, wispernd, seufzend oder auch einfach stumm. Sie sprechen zu mir, in einem vielstimmigen Chor.

Ich habe über das Phänomen nachgedacht, dass die wilde und die kultivierte Version ein- und derselben Pflanze auch zum selben Zeitpunkt blüht. Der letztjährige Radicchio, eine Chicoree-Art, hat dieselben blauen Blüten auf den wuchernden Trieben wie die weit verzweigte wilde Zichorie am Straßenrand. Die zarten Zuckererbsen im Garten sind heraus, und ebenso die raueren, wilden an der Einfahrt. Aber die wilde Art schlägt sich alleine durch, lebt im Kies, braucht kein Wasser, kommt wieder, wenn es ihr passt (was meistens der Fall ist), oder bleibt weg. Ihre Wildheit spricht zu mir, ein atavistischer Ruf, der mich lockt, Raum zu schaffen für alles, was wild in mir ist. Mir fällt dazu ein Buch von Lévi-Strauss ein, *Das Rohe und das Gekochte*, in dem es um dieselbe Dichotomie geht, und gleichzeitig muss ich an das französische Wort für rohes Gemüse denken: *crudités*. »In der Wildheit liegt die Rettung unseres Planeten«, stand auf jenem alten Sierra-Club-Poster. In der Komplexität des Wilden, in seinen Mysterien, in dem, was wir nicht zu kontrollieren versuchen, sondern einfach zulassen, einfach lieben.

Was mich immer wieder fasziniert, ist unter anderem der Gedanke, dass meine Entdeckungen – das Rautenmuster auf den Zeltraupen, das Violett-Phänomen bei den Gräsern – für die Raupen- und Grasexperten überhaupt nichts Neues sind. Jedes Jahr sehe ich Dinge, die ich noch nie vorher bemerkt habe, und doch ist wahrscheinlich alles in irgendwelchen gelehrten Bänden katalogisiert und klassifiziert. Das, glaube ich, ist Freiheit – dass jeder von uns zu seiner Zeit, auf seinem eigenen, vielfältig verschlungenen Lebensweg, die Dinge entdecken kann, die ihn innehalten lassen und berühren. Annie Dillard schreibt, dass es nicht die Aufgabe des Schriftstellers ist, das zu beschreiben, was jeder liebt, sondern das, was nur er selber geliebt hat – und so diesen winzigen Ausschnitt der Welt uns anderen zugänglich zu machen.

Ich habe weiter über die Zeltraupen nachgedacht. Weil sie Tiere sind, machen wir uns ein Gewissen daraus, ob wir sie töten dürfen oder nicht, genau wie bei Wespen oder Schnecken. Warum finden wir nichts dabei, Unkräuter herauszurupfen? Ist pflanzliches Bewusstsein so viel niedriger? Oder fehlt uns selber das Bewusstsein für pflanzliches Bewusstsein? Ich muss an den Titel eines Buchs von May Sarton denken, *Plant Dreaming Deep* – ein wunderbares Bild für die Grenzbereiche von animalischer/vegetabilischer Seinsweise. Ich sehe unsere Vernichtungsfeldzüge gegen Zeltraupen inzwischen als eine Art ethnische Säuberung. Trotzdem mache ich weiter mit meinen Attacken. Man hat kein gutes Gefühl dabei, und doch hält man es für gerechtfertigt, weil sie so hässlich und unbedeutend sind. In Asien haben wir viele Buddhisten kennen gelernt, die mit Begeisterung Fleisch aßen, obwohl sie gegen alles Töten waren.

Wenn man in die Wälder des südlichen British Columbia geht, bewegt man sich im Schneckenland – die Schnecken waren zuerst hier. Bei den Zeltraupen ist es weniger klar. Ich weiß nicht, wo sie sich herumgetrieben haben, als dieses Land noch reiner Douglas-Tannen-Wald war. Zeltraupen sind Parasiten, die sich von dem nähren, was wir Menschen anpflanzen – Obstbäume aller Art, Rosen, Beerensträucher.

Du hast mir von euren Hundekriegen erzählt. Wir hatten hier jahrelang den Besenginsterkrieg. Als wir diese Farm gekauft haben, war die obere Lichtung völlig mit Ginster überwuchert, so hoch wie ein Auto. In einem Jahr ließen wir den Ginster von einem Farmer unten an der Straße in zwei großen Haufen in Richtung Tannen walzen. Damit war aber noch nichts gegen den Ginster ausgerichtet, der im Wald versteckt wuchs, und es war nur eine vorübergehende Lösung für den Ginster in der Lichtung. Er kam natürlich wieder. Der Ginster fühlt sich wohl in aufgewühltem Boden, und die Hacke hat ihn lediglich zu noch schlimmeren Exzessen befeuert. Danach fingen wir an, ihn herauszureißen. In einem Frühling haben wir viele Freunde zu einer Ginster-Vernichtungs-Fete eingeladen. Und allmählich gewannen wir die Oberhand. Cicely hasste es damals, mit mir im Wald spazieren zu gehen, weil es immer damit endete, dass ich Ginster herausrupfte und sie sauer wurde.

Eine Freundin, die Biologin ist, hat mir neulich von einer Studie erzählt, bei der herauskam, dass es effizienter ist, den Ginster abzuschneiden, anstatt ihn herauszureißen, also war ich dieses Frühjahr mit der Schere unterwegs. Letzte Woche ging ich auf Kriegszug und habe den Nachbar-Ginster, der an der Straße entlang wächst, abgeschnitten, damit er nicht in unsere Wiese hereinstreut. Überall sonst an der Straße knallt mir das aggressive Gelb von blühendem Ginster entgegen, aber unser Areal hier ist beinahe ginsterfrei. Als ich diese Woche im Wald spazieren war, habe ich zu meiner Erleichterung festgestellt, dass es nur ein paar winzige Flecken mit blühendem Ginster gab, den ich abschneiden konnte. Das heißt nicht, dass es nicht massenhaft kleine Ginsterpflanzen gäbe, aber solange sie sich nicht ausbreiten, habe ich zumindest das Gefühl, dass wir die Stellung halten. Und die Lichtung ist im Großen und Ganzen frei, eine offene, sonnengesprenkelte Wiese, die sich wie das Gelobte Land anfühlt. Aber immer wieder läuft alles auf die Frage hinaus, wer leben und wer sterben soll. Täglich sind wir damit konfrontiert. Ich zerquetsche weiter Zeltraupen, während ich mich mit diesen vertrackten philosophischen Fragen herumschlage. Wenn ich mir ein schlechtes Gewissen mache, fühle ich mich offenbar besser.

Vor einem Jahr und einer Woche bin ich aus Asien zurückgekommen. Es muss kurz darauf gewesen sein, dass wir diesen Briefwechsel angefangen haben. Wenn wir über Jahre damit weitermachen würden, würden wir dann jeden Herbst dieselben Dinge zu erzählen haben? Würde ich über dieselben mit Reif bedeckten Ahornblätter schreiben, über dasselbe Blau bei der wilden Zichorie (die jetzt gerade ihre Blütenstängel in die Höhe streckt)? Wie zyklisch ist unser Bewusstsein, und wie weit würde ein neues Briefjahr völlig neue Einsichten zu Tage fördern? Heute habe ich einen wilden Sauerampferstängel gepflückt. Er blüht, obwohl ich erst jetzt genau genug hingeschaut habe, um zu sehen, dass die kleinen roten Punkte Blüten sind und keine Samen. Wenn er größer wäre, würde er für spektakuläre Effekte im Garten verwendet werden. Weil er aber klein ist und nicht sehr spektakulär, ist er ein Unkraut. Vor meinem Fenster blühen Fingerhutpflanzen, die durch die Ritzen in den Bodenplatten hervorwachsen. Ich habe jahrelang versucht, sie im Wald und um die Farm herum heimisch zu machen. Aus irgendeinem Grund haben sie es sich dieses Jahr in den Kopf gesetzt, an den unpassendsten Stellen zu wachsen. Ich werde sie nicht herausreißen. Das wäre zu undankbar.

Gestern habe ich beim Herumgehen die Stacheln des kanadischen Berufkrauts an der Straße entlang gesehen. Außerdem die graugrünen Blätter der Perlpfötchen. Ich weiß noch, wie ich vor Jahren tief beeindruckt war, als eine ältere Freundin aus dem Fenster des fahrenden Wagens alle möglichen Pflanzen identifizieren konnte. Das könnte ich jetzt auch. Man muss nur lange genug an einem Ort leben, um zu erkennen, dass dieser knorrige Schössling hier bald anmutige blassrosa Blüten tragen wird, und dass jene verdorrten Lampions dort die gefleckten Storchschnäbel vom letzten Jahr sind. Ich möchte lernen, die Wildpflanzen in allen ihren Lebensstadien zu erkennen. So wird der dramatische Höhepunkt, den die Blüte darstellt, mit dem Kreislauf der Kindheit und des Alters verknüpft.

Eine weichherzige Freundin hat uns letzte Woche besucht, und der Erfolg ist, dass wir jetzt ein neues Kätzchen haben, das mit mehreren Wurfgenossen in einer Abfallgrube gefunden wurde. Es ist ein kleiner, roter Kater – winzig und verkümmert, aber sehr kontaktfreudig. Indem wir einen Platz für so ein verkümmertes Wesen finden, können wir vielleicht auch etwas für die Dinge tun, die in uns selbst verkümmert sind. Jetzt sind gerade die Bienenleute vorbeigekommen, um Bescheid zu sagen, dass sie die Bienenkörbe morgen zum Berufkraut hochbringen werden – ein sicheres Zeichen, dass der Sommer, in welch unerwarteter Form auch immer, endlich stattfinden wird.

Alles Liebe, Dorothy

P. S. Nachdem ich das hier geschrieben hatte, hatte ich eine Vision, wie die Zeltraupen mit mir redeten. Sie fraßen und fraßen ohne Ende – und ich sah sie als Sinnbild für die unauslöschliche Kraft des Lebens. Sie wollten mir damit sagen, dass ich sie zerquetschen könne, soviel ich wollte, ich würde gar nichts damit ausrichten. Stattdessen sollte ich mir lieber ein Beispiel an ihnen nehmen – für ihre Hingabe an das Leben, das reine Leben, Leben um seiner selbst willen.

NACHWORT

VON DOROTHY FIELD

Letzten Sommer haben wir unser fünfundzwanzigjähriges Jubiläum auf der Farm gefeiert – ein ganzes Vierteljahrhundert. Ich kann es immer noch kaum glauben, dass die kriechende Zeit so schnell dahingeflogen ist. Die Briefe in diesem Buch wurden 1995 und 1996 geschrieben. Nach diesem ersten Briefwechseljahr haben Carol und ich eine Pause eingelegt. 1997 haben wir festgestellt, dass wir beide diesen Schreibprozess sehr vermissten, und haben wieder damit angefangen. Beim Durchlesen dieses zweiten Briefwechsels habe ich gesehen, dass wir uns nicht einfach nur wiederholt haben, und darüber bin ich froh. Es gab viel Neues zu beobachten und zu kommentieren. In Carols letztem Jahr verschlechterte sich ihr Gesundheitszustand immer mehr. Die Briefe eigenhändig zu tippen wurde für sie zusehends schwieriger.

Umso mehr berührte es mich, als ich die folgende Passage las, die sie im März geschrieben hat, zwei Monate vor ihrem Tod: »Ich kann mich nicht einmal bücken, um die Sachen auf dem Boden anzufassen. Ich habe gestern in der Sonne gesessen und Klee aus den Pflanzkübeln auf der Terrasse gezupft. Ich habe ihre Wurzeln bewundert, die voll von diesen Stickstoff bindenden Kügelchen sind. Wie klein meine Welt auch immer sein mag – die Dinge, die ich hier zu sehen bekomme, sind atemberaubend und wunderbar.« Ron hat mir Carols letzten Brief im Mai 1998 gebracht, kurz nachdem sie gestorben war.

Carols Tagebuchauszüge habe ich erst später gelesen. Es war eine schmerzliche Erfahrung. An manche Ereignisse konnte ich mich erinnern, aber jetzt sah ich sie von der anderen Seite des Zauns aus. Außer Ron, der die entsetzlichen Qualen, die Carol erdulden musste, aus eigener Anschauung kannte, gehörte ich zu den wenigen Menschen, die sich einigermaßen darüber im Klaren waren, wie schwer Carol zu kämpfen hatte. Als ich die Tagebücher las, begriff ich, dass diese Kämpfe eine Dimension hatten, die ich nicht vollständig erfasst hatte – dass da eine Kluft war, die zu überbrücken ich nicht ganz geschafft hatte. Und ich glaube nicht, dass das nur Zufall oder meine eigene Dickfelligkeit war. Carol hat die grausamsten Details ihrer Realität für sich behalten. Als hätte sie sich nicht vorstellen können, dass wir »Normalen« fähig wären, diese Kluft mit unserer Vorstellungskraft zu überbrücken; als ob sie nicht darauf vertraut hätte, dass unser Mitgefühl so weit reichen würde. Und vielleicht hatte sie Recht. Ihre Krankheit, das Chronische Müdigkeitssyndrom, ist immer noch weitgehend unerforscht, und das Unbekannte macht Angst. Ganz mit Carol zu sein, bedeutete, mit der Hilflosigkeit zu leben, zu akzeptieren, dass man ihr nicht viel anzubieten hatte, außer Anteilnahme und vielleicht ein oder zwei gute Geschichten aus der Welt draußen. Es bedeutete, dass man auf vorschnelle Urteile verzichten musste, mit denen viele Leute so schnell bei der Hand sind. Da zu sein bedeutete, das Unerklärliche und die menschliche Begrenztheit auszuhalten. Und es war nicht immer einfach, mitten in der Hektik und den Anforderungen des täglichen Lebens Raum für so viel Empfänglichkeit zu schaffen.

Freundschaften am Leben zu erhalten war oberstes Gebot für Carol. Ihre Krankheit machte das schwierig – manchmal unmöglich. Ihr Tagesplan war rigide. Man musste sie in den kurzen »Fenster«zeiten besuchen, in denen sie ihre größte Energie hatte, und den Besuch auf fünfzehn bis zwanzig Minuten beschränken. Das machte es schwierig für Freunde, deren Stundenplan sich nicht mit dem ihrigen vereinbaren ließ oder die weit weg wohnten. Der Computer, ihr Tagebuch und unsere Briefe waren ein Gottesgeschenk. Sie konnte zu allen möglichen und unmöglichen Zeiten eine E-Mail abfassen, wenn sie wieder einmal nicht schlafen konnte, oder ein oder zwei Abschnitte in den Computer tippen, wann immer sie gerade die Kraft dazu hatte. Sie kämpfte gegen die wachsende Isolation, während ihr Leben für ihre weit verstreuten Freunde immer unverständlicher wurde. Es war, als ob sie auf einem fernen Planeten gestrandet wäre. Ihre Wirklichkeit war zu fremd, zu unglaublich, als dass Außenstehende sie erfassen konnten. Beim Lesen ihrer Tagebucheintragungen kehrten die Erinnerungen zurück: ihre Enttäuschung über die Behandlungsmethoden, die nichts nützten, über Medikamente, die entsetzliche Nebenwirkungen hatten, Ärzte, die zu gestresst oder zu unsicher waren, um mit ihr in Kontakt zu treten – mit dem verängstigten Menschen in ihrem schreienden Körper. Carol hatte uns so viel darüber zu sagen, was es bedeutet, mit einer chronischen Krankheit und Behinderung leben zu müssen. Leider brachte das Chronische Müdigkeitssyndrom eine Erschöpfung mit sich, die so tief war, dass sie nicht mehr die Kraft hatte, die nötig gewesen wäre, um die Ängste und Bedenken der Ärzte angesichts des Unbekannten über Bord zu werfen.

Carols Briefe an mich waren im Licht geschrieben – aus dem Mut und dem unverminderten Interesse heraus, das sie mit der Welt in Verbindung hielt. Die Tagebücher waren die nächtliche Carol – wenn es kein Gesicht zu wahren galt und sie nur mit einer endlosen Reihe von Enttäuschungen konfrontiert war. Immer wenn Ron und sie eine Strategie ausgearbeitet hatten, wie sie neue Rückschritte auffangen wollten (was eine völlige Umstellung des Hauses, ihres Tagesplans, ihrer Medikamenteneinnahme oder physiotherapeutischen Übungen beinhaltete), stellte die Krankheit sie vor ein neues Problem. Die Tagebücher wurden zu einem Zufluchtsort für ihre dunkleren Gedanken, die sie lieber nicht mit anderen teilte. Auszüge daraus in diesen Band aufzunehmen ist also eine Synthese und eine Ergänzung, denn Licht ist untrennbar mit dem Schatten verbunden. Ich hoffe, das Buch als Ganzes kann dazu beitragen, dass wir das Zusammenspiel von Reichtum und Eingeschränktsein, das sich im Lauf einer über Jahre bestehenden Krankheit einstellt, besser verstehen lernen.

Wenn ich an Carol denke, fällt mir ein Zitat von John Cage ein. Er schrieb über Klangphänomene, aber seine Worte könnten ohne weiteres auf Carol und die Art, wie sie lebte, zugeschnitten sein. »Etwas wie leerer Raum oder leere Zeit existiert nicht. Es gibt immer etwas zu hören, immer etwas zu sehen. Tatsächlich können wir uns noch so sehr anstrengen, Stille zu schaffen – es gelingt uns nicht. Klänge entstehen – ob beabsichtigt oder nicht; die psychologische Kehrtwendung in Richtung derer, die nicht beabsichtigt sind, mag wie ein Verzicht auf alles erscheinen, was die Menschheit ausmacht. Aber man muss sich vor Augen führen, dass die Menschheit und die Natur, kein Getrenntes, in dieser Welt zusammen sind, dass nichts verloren war, als alles hingegeben wurde.« (John Cage, Silence, Wesleyan University Press)

INSEKTENFLUG

Für Carol

Wespen im flammenden Apfel-Sommer –
ich hab dir in einem Brief von ihnen erzählt,
wie sie die Falläpfel umschwärmten,

hektische Schnäppchenjäger beim Ausverkauf.
Du schriebst mir von den wilden Bienen in ihrem summenden Stock
und wie du sie beschütztest,

bis der Frost ihr Treiben erstarren ließ.
Staunend hörte ich von deinen Garten-Mutanten –
der zweiblättrigen Drillingsblume (einen Zwilling nanntest du sie)

und dem Zufallskürbis,
der so riesig war, dass du ihn kaum hochheben konntest.
Heute sprenkeln Weißdornblüten die süßduftende Nachtviole.

Neue Kiwi-Stängel wittern in die Luft wie rosig schimmernde Aale.
Ach, der tägliche Insektenflug, unsere Saaterinnerungen –
wem nur soll ich davon erzählen?

NACHWORT

von Ron Chudley

Carols große Liebe war der Garten, ihre bleibende Leidenschaft das Töpfern. Doch es gab noch ein Drittes, das jene ersten beiden und alles andere in ihrer Welt zusammenhielt: ihr Bedürfnis, über die Dinge zu berichten. In den Tagebüchern, die sie ihr ganzes Leben über führte, sind nicht nur die täglichen Ereignisse festgehalten, sondern zahllose Ideen, Pläne, Erfindungen und Wunder, die ihr unendlich kreativer Geist in atemberaubendem Tempo hervorbrachte. Sie hat manches Mal gesagt, wenn sie alle Dinge erforschen wollte, die sie gerne verstehen würde, müsste es mindestens fünfzig Carols geben. Da es aber nur eine gab, war das Schreiben ein Vehikel für sie, mit dem sie in jene vielen Regionen fliegen konnte, die sie, weil ihr die Zeit dazu fehlte, in der Wirklichkeit nie besuchen konnte.

Wie hätte sie ahnen sollen, dass dieses Vehikel eines Tages ihr einziges Fortbewegungsmittel werden würde?

Langsam, aber unerbittlich raubte ihr die Krankheit alles, was körperliche Anstrengung verlangte. Zuerst fiel das Töpfern weg, dann das Gärtnern. Mit der Zeit wurden sogar die Besuche von lieben Freunden und Angehörigen zu viel für ihren zerbrechlichen Körper. Schließlich blieb ihr nichts mehr als ihr Verstand – und die Kraft, zehn Finger auf einer Tastatur zu bewegen.

Über Jahre war der Computer nicht nur der Empfänger ihrer Aufzeichnungen und ihre Verbindung zur Welt, sondern die Rettungsleine, die sie vor der Verzweiflung bewahrte: das einzige lebendige Ausdrucksmittel, das ihr abtrünniger Körper ihr gelassen hatte. Mit derselben Hingabe, mit der sie alles machte, nahm Carol ihren Computer in Betrieb. Ein endloser Strom von Briefen und E-Mails ging an alle ab, die sie kannte und liebte;

ein wunderbar reiches und ausführliches Tagebuch dokumentierte jeden Moment unseres Lebens. Und schließlich gab es noch die Botschaften, die zu diesem Buch zusammenwuchsen. Die Entstehung von *Gartengespräche unter Frauen*, das Carol gemeinsam mit ihrer treuen Freundin Dorothy schuf, war nicht nur ein Ausdruck ihrer unerschöpflichen Lebenskraft; das Buch wurde auch zu einem Höhepunkt ihrer furchtlosen spirituellen Reise.

Carol und ich hatten nur zehn Jahre zusammen, aber sie waren, was Liebe und Vertrautheit angeht, die reichsten in unser beider Leben – ein Reichtum, der mein Herz, für die Zeit, die ihm noch bleibt, am Leben erhalten wird. Wenn ich jetzt an Carol denke, fällt mir meistens ihre tief verwurzelte Liebe zur Natur ein. Was sie bei all dem am meisten berührte, war das verführerisch Flüchtige, das zarte Gold der ersten Frühlingstage. Es ist, als seien diese Dinge eine Metapher für ihre eigene, allzu kurze Existenz gewesen. Das Gedicht von Robert Frost, das sie in ihren Briefen zitiert, hätte sehr wohl für sie selber geschrieben sein können.

Aber das Erbe solchen Goldes ist der Sommer, eine reiche Ernte des Herzens, die in diesem Buch weiterlebt – und in den Erinnerungen all derer, die Carol, meine Frau, gekannt haben.

März 1999

ANHANG

DANKSAGUNG

Mein Dank geht an die vielen Gärtner und Gärtnerinnen – in erster Linie und vor allem natürlich meine Mutter –, die mich in ihre Gärten gebracht und an diese geheimnisvolle Welt herangeführt haben.
Dorothy Field

TEXTNACHWEIS

Das Zitat aus dem Gedicht »Nothing Gold can Stay« (S. 34) ist *The Poems of Robert Frost* (New York, Random House, 1930, Neuauflage 1946), S. 235, entnommen.

Das Zitat aus dem Gedicht »Crazy Jane Talks with the Bishop« (S. 108) ist *The Collected Poems of W. B. Yeats* (New York: The Macmillan Company 1966), S. 254, entnommen.

Das Zitat aus Leonard Bernsteins Musical *Candide* (S. 216) stammt aus dem Lied »Make Our Garden Grow«, Text von Richard Wilbur (Columbia Masterworks Stereo OS 2350).

BILDNACHWEIS / *Dorothy Field*

Umschlagvorderseite: Magnolie (Polaroid-Abzug auf handgeschöpftem Papier
Umschlagrückseite: Mohn (Polaroid-Abzug auf handgeschöpftem Papier)
Innen: S. 2–3: Flieder*; S. 6: Magnolie*; S. 11: Magnolie*; S. 15: Mohn*; S. 18: Knoblauch**; S. 22: Beinwell*; S. 26–27: Sonnenblumen**;

S. 30: Aubergine**; S. 43: Quitte**; S. 50: Australischer Eibisch**; S. 55: Beinwell*; S. 58: Mangold**; S. 67: Schlafmohn »Hungarian Blue«**; S. 74–75: Hopfen**; S. 78–79: Kürbis*; S. 82: Gelbholzsumach**; S. 86–87: Kürbisse**; S. 90–91: Ahornblätter**; S. 94–95: Farne**; S. 99: Virginische Zaubernuss**; S. 102–103: Erbsen und Bohnen**; S. 106: Mispel**; S. 110–111: Virginische Zaubernuss*; S. 114–115: Weißdornbeeren**; S. 118–119: Virginische Zaubernuss*; S. 122–123: Koreanischer Hartriegel**; S. 126–127: Radicchio**; S. 130: Haselnuss-Strauch**; S. 135: Bereiftes Gras**; S. 138–139: Rosa rugosa (Kartoffelrose)**; S. 142–143: Virginische Zaubernuss**; S. 147: Mispel**; S. 150–151: Japanische Grünpflanze**; S. 154–155: Magnolie*; S. 162–163: Pfingstrose**; S. 170–171: Apfelblüte**; S. 178: Ahornblattknospe**; S. 186–187: Birnenblüte**; S. 194–195: Salbei und Heiligenkraut**; S. 202: Hopfen im April**; S. 219: Hyazinthe**; S. 226–227: Wiesen-Frauenmantel**; S. 231: Kürbis*.

* Polaroid-Abzug auf handgeschöpftem Papier
** Dia

BILDNACHWEIS/*Carol Graham Chudley,*

S. 234: Keramik, Detail (fotografiert von Dorothy Field);
S. 239: Keramik, Detail (fotografiert von Dorothy Field).